実践的CXM

Customer Experience Management

カスタマー・エクスペリエンス・マネジメント

Emotion Tech
今西良光　須藤勇人

日経BP

はじめに

「リピーターが増えない」「サービス利用を継続してもらえない」「商品力が弱い」……。

一体、どうすればその商品やサービスをもう一度手にとってもらえるのか？

そのために重要なのは〝顧客の期待を超える体験〟を提供することです。

以前、私がアパレル業の現場でマネージャーをしていた頃、あることを実践できると必ずといっていいほどお客様から「お褒めの言葉」をいただけるということに気づきました。

それが、まさに「期待を超える顧客体験を提供できたかどうか」だったのです。

衣服を購入しに来たお客様に、単純に服を販売しているだけでは、期待を超える体験とは言えません。「こんなに親身に相談に乗ってもらえるとは思わなかった」「服の修繕に急いで対応してくれた」など、顧客の「うれしい！」という感情に働きかけることができて初めて、期待を超える顧客体験となります。

しかし、一方でサービス業の現場は多忙を極め、清掃や商品陳列の整理、在庫管理など顧客に向き合う以外の業務にも多くの時間を割かなければいけません。限られた人数、限られた時間のなかで、生産性を最大限に高めながら〝期待を超える体験〟を提供するための最良の方法は、「やるべきことを見極め、やらないことを決める」ことなのです。

最高の顧客体験を提供するための唯一の方法、すなわち「カスタマー・エクスペリエンス・マネジメント」の本質はここにあります。顧客が何を重視・期待しているのかを知り、商品のファンになってもらうために最も優先的に解決すべきことを見極め、その点に集中して改善活動を積み重ねていくのです。

NTTドコモ、トヨタ自動車、リクルートキャリア、バイク王&カンパニー、物語コーポレーションなど、カスタマー・エクスペリエンスの向上に取り組んでいる企業は数多くあります。我々はこうした400社以上の企業のカスタマー・エクスペリエンス・マネジメントを支援してきました。顧客体験をどのように向上させ、熱狂的ファンを作り、いかに企業の収益に集約させるか。その実践的なノウハウを本書でわかりやすくご紹介します。

株式会社Emotion Tech　代表取締役　今西良光

もくじ

第2章 カスタマー・エクスペリエンスを計測する

第3章 最も優先的に改善すべき体験を聞く

もくじ

第4章

第5章

カスタマー・エクスペリエンスに取り組む7つのルール

第6章

良質な顧客体験を生み出すのはエンゲージメントが高い組織……175

第1章

カスタマー・エクスペリエンスが真の顧客視点経営を実現する

なぜ私はこの会社のサービスを使い続けるのか

私たちのまわりには、様々な企業が提供する商品やサービスがあふれています。カバンの中にある「スマホ」や「パソコン」はもちろん、「通信回線」や「アプリ」「サービス」などにもそれらを提供する企業が存在しています。デスクを離れオフィスを出てみても、いくつもの店がいくつもの商品を競うようにして販売しています。

では、膨大な数の商品やサービスから、私たちは何を基準に「たったひとつ」を選択しているのでしょうか。

選択基準にはまず、その商品の便利さや機能性などがあるでしょう。例えばテレビを購入するときであれば、「40型などのサイズ」「画質がきれい」「Wi-Fiに接続が可能」「録画機能が内蔵されている」「容量が大きい」など、自身の希望に沿った機能を備えた商品を選択します。

価格やコストパフォーマンスも基準の一つです。同じ価格であればより機能が優れているもの、同程度の機能であればより安いものが選ばれるでしょう。

しかし、私たちはこうした「商品自体の便利さや安さ」といった基準だけで商品やサービスを選んでいるわけではありません。

テレビを購入するときに「国産のメーカーの方が信頼できる」「○○のメーカーは画質がきれいだ」「○○のメーカーは壊れたときにもしっかりと保証してくれる」「うちではいつも○○のメーカーを購入しているから」などといった、商品以外の基準によって商品を選ぶことが多々あります。商品をどこで購入するかといった観点でも、「インターネットで購入するのか」「家電量販店で購入するのか」を選択しますし、「カード決済が使えるか」「ポイントがどの程度貯まるか」「すぐ配達されるか」など様々な基準が存在します。

「モノがあふれる時代」と言われる現代においては、各社が熾烈な競争を繰り広げ、その結果、機能差や価格差がほとんどなくなりつつあります。そのため、商品自体が「便利で安い」という価値よりも、「好きなブランドである」「快適に商品を購入・利用できる」ことが商品選択の基準になる場面が増えてきています。

頭の満足、心の満足

では、多くの人々に自社の商品やサービスを選んでもらうためにはどうすればよいか。我々は、「頭の満足」よりも、「心の満足」に主眼を置いて、顧客の満足度を高めていくべきだと考えています。

頭の満足、心の満足という概念は、2005年に米ギャラップのカスタマーエンゲージメント部門の主任研究員であるジョン・H・フレミングが提唱したもので、同年の「Harvard Business Review」の7－8月号に掲載されました。

そこには満足度調査で「とても満足した」と回答する顧客は、「合理的に満足をした顧客(Rationally satisfied customers)」と「感情的に満足をした顧客(Emotionally satisfied customers)」の2種類に分類できると記されています(図1-A)。

合理的に満足をした顧客は「頭で満足した顧客」と言い換えることができます。この満足感は、定量的な評価基準で「良い」と判断した商品を手にしたり、サービスを使ったりしたときに得られるものです。以前使っていたものよりも「性能が高い」「機能が豊富」

【図1-A】満足度調査で「とても満足した」と回答する顧客

合理的に満足をした顧客
（Rationally satisfied customers）
↓
頭の満足
・価格
・性能
・アクセスのしやすさ
・味 etc……

定量的な基準

感情的に満足をした顧客
（Emotionally satisfied customers）
↓
心の満足
・接客
・雰囲気
・サポート体制
・自分に合う etc……

定性的な基準

「処理が速い」……。こうした商品やサービスは、多くの人に頭の満足を与えます。

一方の感情的に満足をした顧客は「心で満足をした顧客」です。「性能は高くないが心地よい」「機能はシンプルだが自分のライフスタイルに合っている」「処理速度はいまひとつだけれどユーザーサポートが丁寧」……。そして、とにかくその企業やブランドを信用し、好意を抱いている。こうした気持ちが心の満足を生み出します。

頭の満足だけを追求していると、価格競争に陥ることになります。コモディティー化した商品やサービスについては特にそうです。機能や性能面で競合他社の商品やサービスと明確な差別化ができない状況では、価格で勝負するしかありません。仮に一時的に「業界最安値」を提示することができ、それによって多くの顧客を確保できたとしても、他に「業界最安値」を打ち出す存在が登場すれば、ほとんどの顧客はそちらへと移っていくでしょう。なぜなら、選択基準が「最安」という、ある意味で合理的なものだからです。

しかし、ここに心の満足が加わると話は変わります。

商品やサービスのスペックは他とさほど変わらなくても、「対応が心地よい」「親身になってくれる」など、「私はこの企業やブランドが好きだ」と顧客が思ってくれる、すなわち心の満足が得られていれば、頭の満足を補って余りあるものがあります。

もちろん、どれだけ心の満足を提供しようとしても、頭の満足の部分がそもそも不完全であれば顧客に選ばれることはないでしょう。接客が素晴らしい店でも、売っている商品がまったく評価に値しないものなら、その店からは足が遠のくはずです。

しかし、商品の質が一定の基準を満たしているのなら、他の店でも同レベルのものが同程度の価格で買えると知ったとしても、心の満足を満たせる店から離れることはありません。同レベルの競合へ顧客が流れていくことを防げるのです。

では、本当に合理的な満足（安い、早いなど）を追求しても、企業成長は見込めないのでしょうか。「頭の満足」と「心の満足」を提唱したフレミングは、満足度調査で「とても満足」と答えた顧客が、頭と心のどちらで満足しているのか、その違いに注目しました。脳の活動を観察した研究では、心で満足している顧客の方が頭で満足している顧客よりもはるかに企業の利益に貢献していることを見出しました。また、頭で満足している顧客の行動パターンは「満足していない顧客＝不満のある顧客」のそれと変わらないということも指摘しています。

フレミングとウィリアム・J・マキュアンは2003年3月に「Customer Satisfaction Doesn't Count」と題した調査レポートで、大手スーパーマーケットチェーンにおける顧客の満足度と月額支払額の関係性に関する調査結果を公表しました。この調査の特徴は、単純に満足度を調査するのではなく、「頭の満足」と「心の満足」を分けて分析している点にあります。それによると、「1〜5」の点数を付ける満足度調査で「5（とても満足）」を付けた顧客のうち心で満足している顧客の支払額は月210ドル、頭で満足している顧客の支払額は月144ドルと、60ドル近くの差があることが分かりました。さらに驚くべきことに、満足度調査で「5」を選ばなかった顧客の支払額は月166ドルで、頭で満足しており満足度の点数を「5」とした顧客の支払額である144ドルを上回ってい

【図1-B】 心で満足していない場合は
他の顧客よりも売上げに貢献していない

■大手スーパーの例

満足度調査(5段階)		支払額(月)	来店頻度(月)
「5(とても満足)」を選択	心で満足※	210ドル	5.4回
	頭で満足	144ドル	4.1回
「1〜4」を選択		166ドル	4.3回

■大手銀行の例

満足度調査(5段階)		口座解約率
「5(とても満足)」を選択	心で満足※	3.80%
	頭で満足	6%
「1〜4」を選択		5.80%

※Gallupの記事では「fully engaged」と表現
Customer Satisfaction Doesn't Count ／ BY WILLIAM J. MCEWEN AND JOHN H. FLEMING GALLUP BUSINESS JOURNAL MARCH 13, 2003

ました。つまり、満足度調査で「とても満足」と回答しても心で満足していない場合は、他の顧客よりも売り上げに貢献していないということです。ここから、私達が日常的によく目にする満足度調査の結果を基に、改善活動を行ったとしても、売上と連動しない可能性が高いため、収益向上につながるような取り組みをすることが難しいと考えられます。

同記事では、大手銀行の口座解約率についても触れています。「とても満足」と答えた顧客のなかで、心で満足している顧客の口座解約率は3・8%だったのに対し、頭で満足している顧客の場合は6%でした。なんと、「とても満足」を選ばなかった顧客（5・8％）よりも解約率が高かったのです。満足度調査で良い回答をしてくれる顧客だけをターゲットに様々な施策を行っても口座解約率は改善しないということです。

フレミングとジム・アスプランドは、2007年の「Customer Satisfaction : A Flawed Measure」と題したレポートでも、頭の満足と心の満足の乖離を示しています。

半年間にわたり、クレジットカード会社で月の平均使用額と平均使用回数を調査したところ、心で満足している顧客はそれぞれ251ドルと3回であったのに対し、頭だけで満足している顧客はそれぞれ136ドルと2・5回でした。この136ドルという金額は、満足していない顧客の平均使用額と同額です。さらに、心で満足している顧客は、使用額を1年間で67％伸ばしたのに対し、頭だけで満足している顧客のそれは、8％しか伸びませんでした。

顧客を心で満足させるにはどうしたらいいのか

自社の商品やサービスを使い、顧客であり続けてもらうには〝心の満足〟が必要なことが分かりました。では、実際にはどうしたらいいのでしょうか。

私たちは「顧客の期待を超えること」がその唯一の方法だと考えています。

例えば、任天堂は優れたゲーム機やソフトを提供してきた会社ですが、そのユーザーサポートについても定評があります。

「壊れたゲーム機を送ったら本体だけでなく子供が貼っていたシールまで一緒に送り返してくれた」「ゲーム機本体はすべて交換になったがセーブデータは移行してくれた」など、任天堂の〝神対応〟を受けた人の体験談はネットにあふれています。

業種別の顧客満足度調査※で10年連続1位を獲得するなど、ヤマト運輸もユーザーからの評価が高い企業のひとつです。ヤマト運輸では、東日本大震災発生直後、東北地方の多くのセールスドライバーが本社から命じられるのを待つことなく荷物の配達を再開。さらに避難所での仕分け作業などに進んで取り組みました。またヤマトホールディングスとして

※「JCSI 日本版顧客満足度指数 第3回調査」（サービス産業生産性協議会）2018年9月18日

も、２０１１年度に運ぶ宅配便1個につき10円を被災地に送るという決断をし、最終的に、総額約１４２億円を寄付しています。

これらの企業が取った行為は、短期的に見れば、企業が〝損〟をしているようにも見受けられます。自ら利益を減らすような行為は、株主などのステークホルダーからは評価されず、合理性を追求したい経営者からは理解されないでしょう。

しかし実際には、そうした行為が「任天堂のものを買い続けたい」「荷物を送るならヤマト運輸を使いたい」というようなファンを増やし、長い目でみれば、企業の健全な成長を促すことが期待できるのです。

また、詳しくは後の章で触れますが、実際に顧客が持つ「心の満足」は、その企業の利益と相関しています。

企業は顧客の期待を超える行動を取り、提供する商品やサービスの価値を高め、顧客とより良い関係を築いていく必要があります。しかし、何かひとつの行為だけで、顧客と良い関係を構築し、維持できるわけではありません。企業はあらゆる接点と方法で、「顧客体験」の価値を上げていく必要があります。

カスタマー・エクスペリエンスとは何か

顧客体験とは、「カスタマー・エクスペリエンス（CX）」を直訳したものです。では、カスタマー・エクスペリエンスとは実際にどのようなものでしょうか。

バーンド・H・シュミットは著書である『経験価値マネジメント』（ダイヤモンド社）の中で「顧客は商品を購入するだけではなく、その商品を購入する経験を得ている。つまり、顧客が体験する様々な経験を価値とする」と述べています。具体的には以下のようなことです。

例えば、カフェでコーヒーを飲むとしましょう。道を歩いていて、良さそうな雰囲気のカフェを見つけ、扉を開けてみるとすぐにコーヒーの良い香りが漂ってきた。こちらに気付いた店員が笑顔で席に案内してくれ、メニューを見せながら今日のおすすめのコーヒーの説明をする。待っている間にスマホでニュースをチェック。しばらくするとコーヒーが運ばれてきた。必要ならスマホの充電器を店内で貸してくれるという。コーヒーを飲みながらリラックスした時間を過ごし、それから会計。レジでは、ＬＩＮＥで友だち登録する

【図1-C】カスタマー・エクスペリエンスとは、一連の体験から、顧客が感じた価値の「総量」

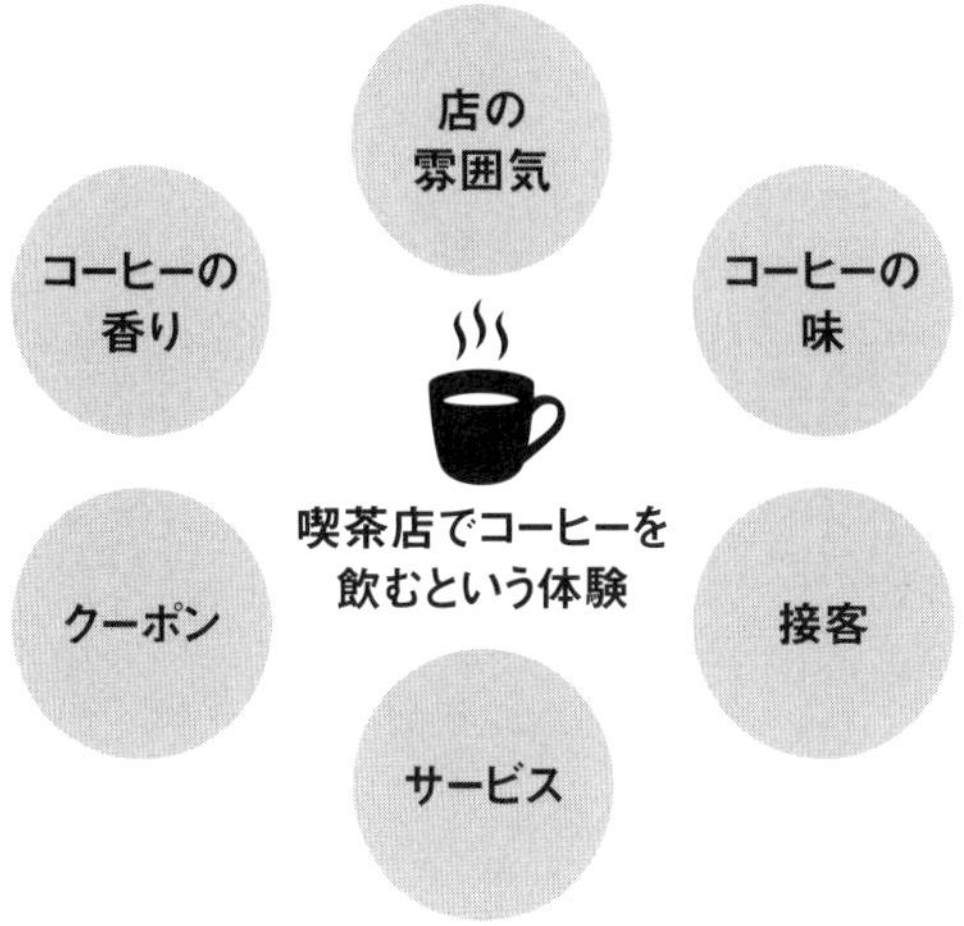

ことを勧められた。また来たいと思ったので素直に登録。会計を済ませ、「ありがとうございました」と見送られながら店を出る。その後、スマホにＬＩＮＥのクーポンが送られてきた。

　カスタマー・エクスペリエンスとは、店の雰囲気、コーヒーの味、接客、サービスなど、切り離したものではなく、こうした一連の体験から顧客が感じた価値の総量のことです（図1-C）。一杯のコーヒーというあたかも主役のように見える商品も、カスタマー・エクスペリエンスの一要素に過ぎないのです。

　むしろ、どれだけコーヒーの味が素晴らしくても、オーダーをしようとしているのになかなか店員に気付いてもらえなかったというような出来事が、全体の印象を大きく左右することもあります。

これらから言えるのは、商品やサービスがいかに優れていて、顧客の期待に応えられていても、それだけでは心の満足は与えられず、結果として良いカスタマー・エクスペリエンスは提供できないということです。

さらに言えば、個別の店舗は非の打ちどころがなくても、その母体である企業の経営方針や経営者の考え方に共感をしてもらえなければ、やはり同じです。他の要素は申し分なくても、例えば「テレビＣＭの雰囲気が好きではないからその企業の商品やサービスは使いたくない」と考えるケースも少なくありません。

また、カスタマー・エクスペリエンスは、ある面で期待通りであり、ある面で期待を超えている必要があります。

期待通りとは、「落ち着いた店内を予想していたらそのとおりだった」「店主との会話を期待していたらやはり楽しく話ができた」といったようなものです。

落ち着いた店内を期待していたのに大音量で音楽がかかっていたとか、店主は常連客とばかり話をしていて、こちらに声をかけてくれなかったといったギャップはそもそもの期待を大きく裏切るものです。

商品やサービスに対して事前にどのような期待をしているかは、顧客によって異なります。したがって、どうすればその期待を超えられるのかは、簡単に見えてくるものではありません。

企業側がすべての来店者に同じような接客をしていたとしても、ある客は「丁寧だ」と感じ、ある客は「過剰だ」と感じることがあります。カスタマー・エクスペリエンスは、顧客一人ひとりの主観的なものなのです。企業側が「最高の顧客体験を提供します」と言ったとしても、それが本当に〝最高〟かどうかを判断するのは、一人ひとりの顧客。提供しているつもりの顧客体験と、それに対する実際の評価との間には、多少の温度差があるものです。

2005年に362社を対象に行われた調査によれば、企業のうちの80%は優れた顧客体験を提供していると自負しているものの、顧客が優れた顧客体験を提供していると認める企業は8%に過ぎませんでした。

したがって企業は、意識的にしろ無意識にしろ、あらゆる接点で顧客が何を自社に期待しているのかを知り、その期待を超えることで「最高の顧客体験をした」と感じてもらう必要があります。

これが「カスタマー・エクスペリエンス・マネジメント（CXM）」です。その目的は、顧客に対して提供する体験を改善し、ロイヤルティを創出し、企業の断続的成長や短期的な収益向上を図ることです。

カスタマー・エクスペリエンスが求められる理由

カスタマー・エクスペリエンスやカスタマー・エクスペリエンス・マネジメントは、こうした呼称が生まれる前から存在していました。

例えば、街の喫茶店の店主は、常連客の好みを把握して「この人には薄めに」「この人にはミルクを多めに」といった具合にコーヒーを微調整したり、おしゃべり好きの客には積極的に話しかけ、一人が好きな客にはあえて声をかけないといった工夫もしてきました。そうしたサービスに価値を感じていた客は、よりアクセスしやすい店が他にあったとして

【図1-D】「顧客視点経営」が、いま改めて注目されている背景

1 情報が購買に与える影響の拡大
2 購買パターンの多様化
3 市場成長の鈍化や低減
4 激しい競争が前提の経営環境
5 企業成長と顧客満足の関係実証
6 調査手法・統計解析・分析フレームの進化
7 技術進化による運用負荷の低減

も、あえてその喫茶店を選び、通っていたでしょう。

このように、カスタマー・エクスペリエンスはそれほど新しい概念ではありません。ただし、社会情勢が変化したことにより、近年、その注目度が上がっています。

なぜ今、カスタマー・エクスペリエンスが改めて注目されているのか。その背景には7つの要素があります（図1-D）。

1つ目は、「情報が購買に与える影響の拡大」です。昔はいい喫茶店を探そうとすれば、自分で歩いて探すか、友人に教えてもらうか、または雑誌などで情報を収集する必要がありました。しかし、今はウェブサイトで「喫茶店」と検索するだけで情報が得られます。グーグル

などでネット全体を検索するという方法以外に、口コミサイトやSNSに限定して探す方法もあります。特にSNSで検索すると、その店を薦めているユーザーの好みなどが把握できるので、より自分が求めている店を探しやすくなります。多くの消費者はこうした情報を頼りに、店や商品、サービスを選んでいます。他者の体験に基づく評価を参考に、消費行動を決定するようになっているのです。

米マッキンゼーが2010年にまとめたレポートは、その事実を端的に指摘しています。曰く、選択肢の多さに圧倒されている消費者は伝統的なマーケティングに耳を貸さなくなっています。その代わりに消費者の決断を後押しするのは、信頼できる情報源からの推奨で、消費者はその推奨をネット上に探します。ネットの普及により、口コミはすでに「1対1」ではなく「1対多」となっていることも無視できません。

このレポートでは、口コミのメッセージは共鳴という現象を経て広がっていくとされています。このプロセスは広告からは引き起こされないものです。

良い体験をしたと感じた顧客はその体験をインターネットを通じてシェアする一方、悪い体験も同様に拡散されていきます。こうした社会においては、一人ひとりの顧客の体験にしっかりと向き合う必要があります。

2つ目は、「購買パターンの多様化」。少し前までは、家電を購入しようと思ったら、量販店に出向き、そこで品定めをするのが一般的でした。しかし今は、パソコンやスマホを経由して、家に居ながらにして商品を選んで購入することができます。

購入するサイトは、アマゾンや楽天のようなネットショップ、家電量販店のウェブサイト、家電メーカーの直営サイトなど多岐にわたります。つまり、家電メーカーにとっては、顧客との接点の種類と数が従来と比べて大きく増加しているのです。いずれの接点でも、企業はそれぞれのカスタマー・エクスペリエンスを意識する必要があります。

3つ目は、「市場成長の鈍化や低減」です。かねてから指摘されているように、「いいものを作れば売れる」という時代はすでに終焉しています。特に日本では様々な市場が成熟し、多くの人が「もう欲しいものはない」状態になっています。そして、さらに人口減で消費者そのものも激減。過去を踏襲しているだけの企業では、消費者に商品やサービスを選び続けてもらえなくなっているのです。

こうした状況下で企業がすべきことは、多大なコストをかけて数少ない新規顧客を獲得しにいくことではなく、今いる顧客といかにして良い関係を築き、その関係を持続させるかです。新規顧客の獲得には既存顧客の維持に比べて6～7倍のコストがかかるともいわれます。新規顧客獲得のためのコストと、現在の顧客により多くの商品やサービスを購入してもらうコストは、後者の方が圧倒的に少ないことが明らかになっているのです。

カスタマー・エクスペリエンスが改めて注目されている理由として4つ目に挙げるのが、「激しい競争が前提の経営環境」です。3つ目の理由の背景で述べたように、日本の市場は成熟化し、さらに縮小化が進む傾向にあります。そこにグローバル化による海外プレーヤー、様々な規制緩和を追い風とした新興プレーヤーが続々と参入。そうした状況では、相対的にもより良いカスタマー・エクスペリエンスを顧客に対して提供する必要が出てきます。2018年にガートナーが行った調査では、81%の企業が「ここ2年のうちに、カスタマー・エクスペリエンスこそが企業競争の主戦場になるだろう」と考えていることが明らかになっています。

5つ目は、「企業成長と顧客満足の関係実証」。つまり、カスタマー・エクスペリエンスと企業の成長に相関があると多くの研究で実証されるようになったことです。これまで、顧客に良いサービスを提供できているかを測る指標として、顧客満足度がよく利用されてきました。「あなたはこの商品に満足していますか?」という質問は、直感的で分かりやすい特徴がある一方、「顧客満足度が上がっても、売上が向上しない」という状態に陥る企業が多数存在していました。この研究と取り組みは2000年代に入ってから米国で盛んになり、後述するNPS®（ネット・プロモーター・スコア）などが開発されると、顧客体験がどの様に企業成長に貢献するかの解明が進んできました。その結果、企業成長を促進する手段としての「カスタマー・エクスペリエンス」に注目が集まっています。

6つ目は、「調査手法・統計解析・分析フレームの進化」です。様々な体験を通じて顧客が企業にどのような印象を抱いているか、それらが消費行動にどのように結びついているか、何を変えればより多くの顧客を満足させられるかについての、分析・解析の手法が急速に進化しています。かつては経験に基づいた〝勘〟に頼っていた部分を、データでカバーできるようになってきているのです。例えば、これまでは顧客の心を読むことに長けた〝カリスマ店長〟にしかできなかった店舗運営や接客などが、誰にでもできるようになる時代だと言えます。

最後の7つ目は、「技術進化による運用負荷の低減」です。技術の進化でカスタマー・エクスペリエンス・マネジメントのコストを従来よりも大きく下げることができるようになりました。これまでは、顧客の感じたことを知るために紙でアンケートを行い、時間をかけてデータを取りまとめ、分析・解析をするなど、調査結果を事業に反映させるために膨大な時間がかかっていました。しかし、今はネットで調査をすばやく行い、クラウドで分析結果を共有することも可能です。極端な例を挙げれば、今、店から出ていったばかりの客がどのような顧客体験をしたのかが、その場でわかるようになります。

CXMとCS、CRMとの関連性

顧客の感情や行動を知ろうとすること、それらを事業に反映させようという試みは、従来からありました。

よく知られているのが「顧客満足」、すなわち「カスタマー・サティスファクション（CS）」です。多くの企業が採用してきたCSですが、実は問題点もありました。

そのひとつは、CS活動の目的が「不満の洗い出し」に留まりがちな点です。

満足度調査をし、そこに寄せられた数々の不満の声を眺め、「ユーザーからこう思われているのか」と感じはするものの、そこから先のアクションに結び付けられていないとい

注）ネット・プロモーター®、ネット・プロモーター・システム®、ネット・プロモーター・スコア®及び、NPS®は、ベイン・アンド・カンパニー、フレッド・ライクヘルド、サトメトリックス・システムズの登録商標です。

【図1-E】 CSとは

- CS活動とCXMはいくつかの点で異なる。
- CS活動においては企業成長や収益向上が目的とされず、満足度の向上（顧客感情）が目的化している。
- そのため、活動において使用されるデータも顧客の声が中心。

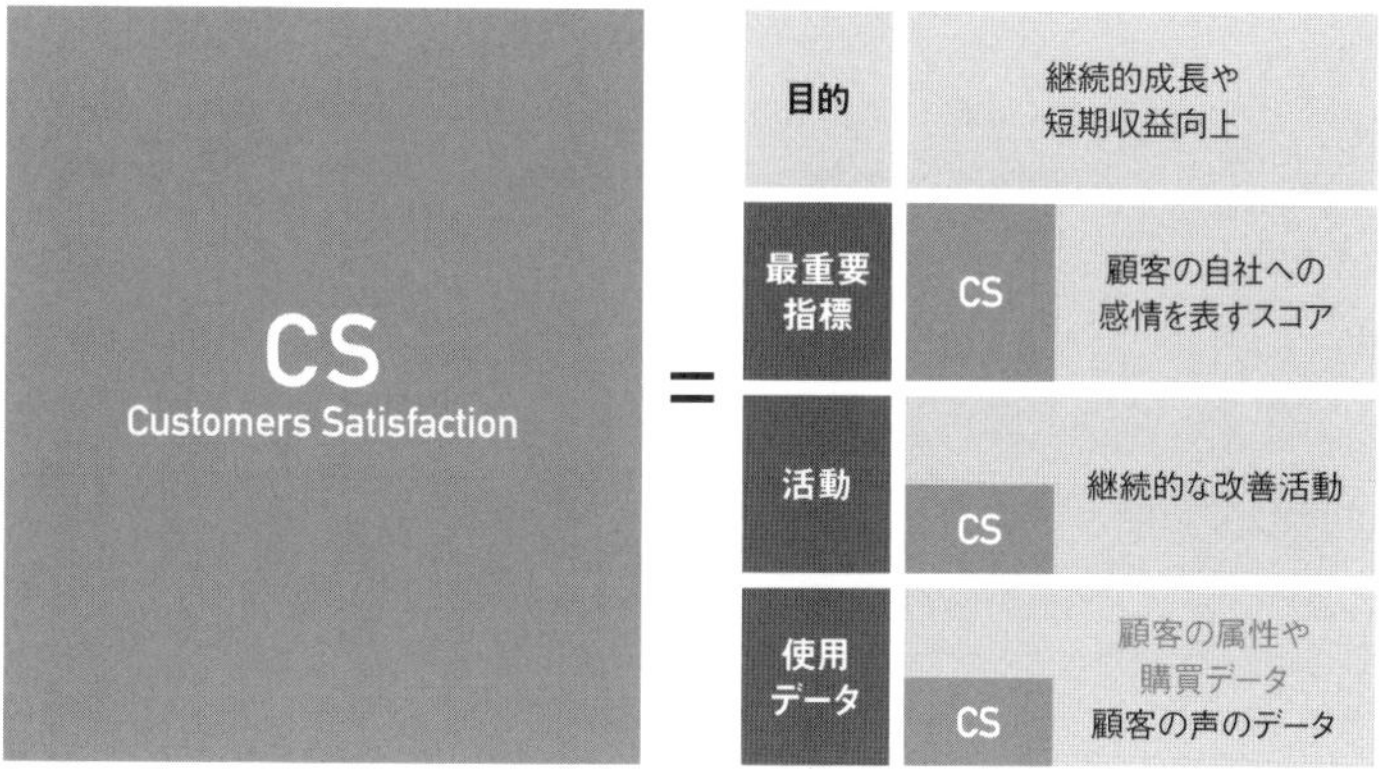

うケースを我々は数多く見てきました。「顧客の声」という定性的なデータを得ても、それを具体的な行動につなげる方法が見出だせていないのです。

また、幸いなことになんらかのアクションにつなげられたとしても、顧客に良い感情を抱いてもらうことだけをゴールとして設定してしまうケースも見られます。例えば顧客に〝神対応〟をして喜んでもらい、「いい会社だ」と評価されることを最終目的としがちです。

顧客の胸の内を知ることの本来の目的は、調査から得られた知見を事業活動にフィードバックし、顧客により良い感情を抱いてもらうこと。さらにそれを企業の継続的な

【図1-F】 CRMとは

●CRM活動とCXMはいつくかの点で異なる。
●活動の目的はCXMと同じく企業の継続的成長や短期収益向上だが、顧客感情やロイヤルティについては重きが置かれていない。
●そのため、使用するデータも顧客属性や購買データが中心。

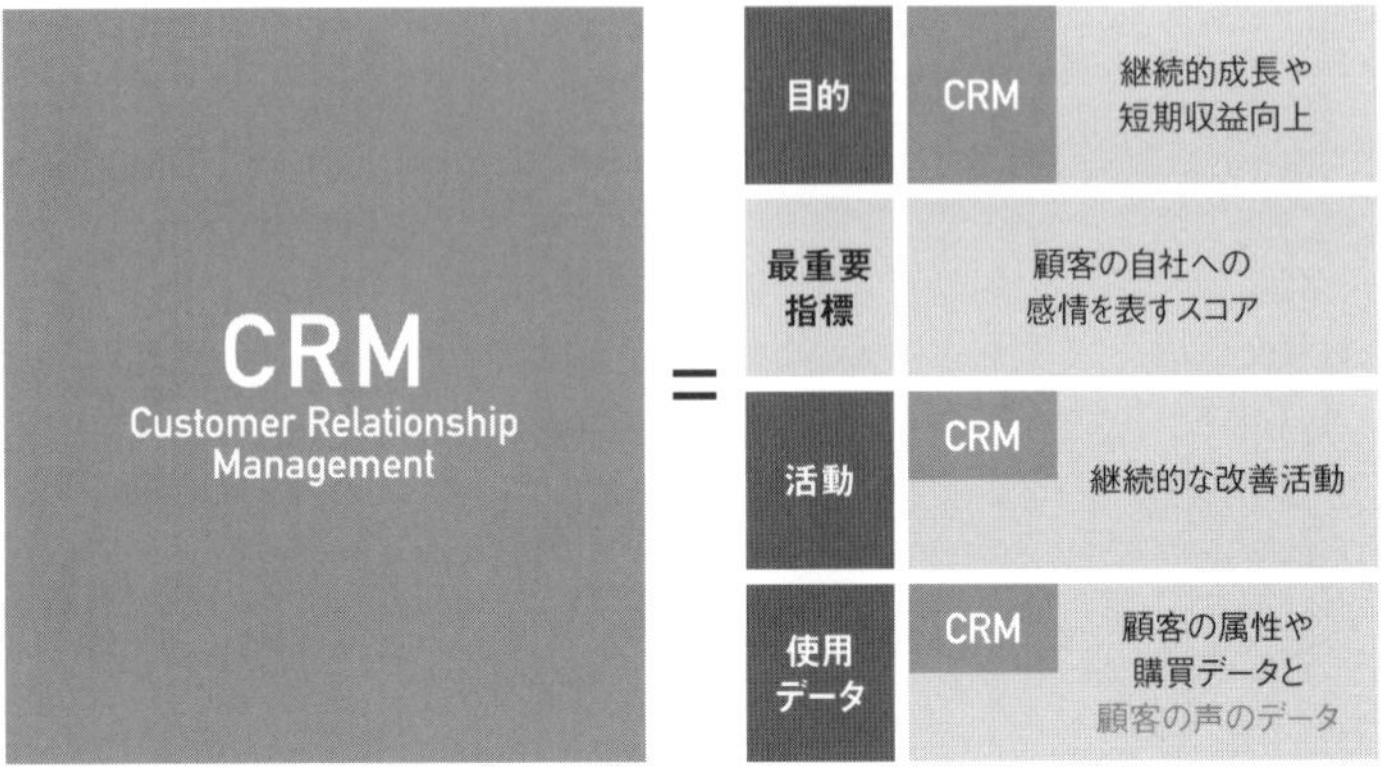

成長や短期収益の向上に役立てることです。CS活動は、最終的にリピーターの増加や客単価の向上など、経済的メリットを企業にもたらすべきものなのです。

一方、顧客の購買行動をその属性やデータで紐解く「カスタマー・リレーションシップ・マネジメント（CRM）」は、一人ひとりの顧客と関係性を構築することを目的としたものです。しかし、実際には、最近の購入日、来店頻度、利用金額といったデータによって顧客を分類し、それぞれのグループに対してマーケティングを行うといった活用のされ方が目立ちます。

こうしたデータを分析するだけでは、なぜ最近は購入されていないのか、来店頻度

【図1-G】 CXMとは

- 活動の目的はCRMと同じく企業の継続的成長や短期収益向上。
- 最重要指標はCSと同じく、顧客の自社への何らかの感情を表すスコア（日本で最も馴染みがあるのは「顧客満足度」）。
- 活動自体はCRMやCSと変わらないが、その活動を決めるための材料、つまりデータがCRMとCSの両者を統合したもの。

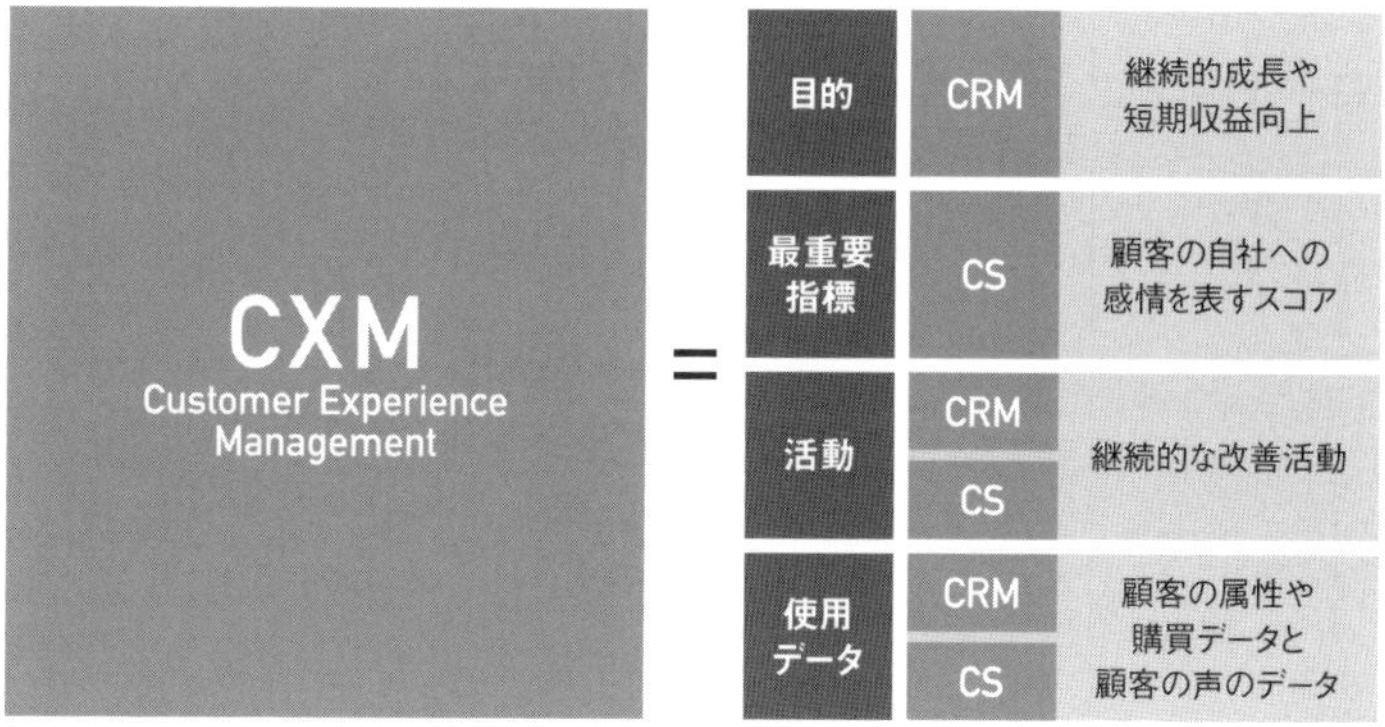

が上がらないのか、利用金額が増えないのかが把握できないため、適切な施策を考案できません。そのために、ひたすら販促メールを送るような手段しかとれなくなってしまいます。データ上では同じように見えて実は多種多様な顧客に対して画一的なマーケティングを行ってしまい、その結果、顧客の離反を招きかねないのです。

　データ上では同じようにカテゴライズされる顧客も、実際には多種多様です。その違いは、データでは見えにくい企業への貢献度の違いでもあります。例えば、来店頻度や利用金額が同じでも、ポジティブな口コミに熱心な顧客とそうでない顧客がいます。企業にとってはポジティブな口コミに熱心な顧客の方がそうでない顧客よりずっとありがたい存在ですが、データからはそれが見えません。熱心でない顧客を熱心な顧客に変えていくこと、別の言い方をすれば、頭では満足している顧客を心でも満足しそれを周囲に伝えたいと思う顧客に変えるのは、企業にとって重要なことですが、そもそも、それぞれの顧客がどの程度の割合を占めているかなどはCRMからは見えないのです。

CRMは定量的なデータの分析・解析に基づくものであり、顧客に頭で満足してもらうための戦略の立案には有用です。しかし、心で満足してもらうための方法としては力不足と言えます。

顧客に心で満足してもらうための施策は、社内の理解を得ることが難しい傾向にあります。結果的にそれが有効な施策であっても、定量的なデータでは裏付けられないものが多いためです。ベテラン社員の経験に基づく提案に対して若い社員が嫌疑的になるということはよくあるパターンのひとつです。

その点、CXMは、CSとCRMを融合させたもので、互いの弱点を補完し合っています。データから仮説を立てて検証することも、データを見て仮説を修正することもできます。CXMは、顧客の属性や声、購買データなど顧客の視点を基にさまざまな活動や指標を通してロイヤルカスタマーを作り出し、企業の継続的成長や短期的な収益向上を目的とするものなのです（図1-G）。顧客の心も頭も満足させるには、その企業がＣＸＭに取り組み続ける必要があります。

世界中で広がりを見せるカスタマー・エクスペリエンス

前述の市場環境の変化からグローバルにおけるＣＸＭ市場は成長を続けています。米国の調査会社であるグランドビューリサーチ社が２０１８年5月に公表したレポートでは、グローバルでの市場は今後年平均で約23％成長を続け、２０２５年に３２５億ドルほどに上ると予想されています。

米国ではすでに、カスタマー・エクスペリエンスに関連するサービスを提供する企業が複数社存在しており、多くの企業で導入が進んでいることから、注目が集まっています。

例えば、カスタマー・エクスペリエンスを計測するためのアンケートツールを提供するクアルトリクス（Qualtrics）は、２０１８年11月にソフトウエア企業であるＳＡＰに買収されましたが、想定約80億ドルも企業価値がついたとのことです。また、２０１９年７月にはカスタマー・エクスペリエンスの計測から分析まで行うツールを提供するMedallia社も上場し、約45億ドルの企業時価総額となりました。世界的な高級車ブランドであるメルセデス・ベンツもMedalliaを活用してＣＸＭに取り組み、営業フローを改善し見事に売上を伸ばしたという事例が『メルセデス・ベンツ「最高の顧客体験」の届け方』（日本実業出版社）という書籍でも紹介されています。

世界的にも注目が集まるＣＸＭ市場ですが、日本においてもカスタマー・エクスペリエンスの波は確実に訪れると予想されます。ＫＢＶリサーチのレポートによると２０１８年～２０２４年間の日本におけるＣＸＭ市場の年平均成長率は26・３％とグランドビューリサーチが公表している世界全体の市場成長率を上回っています。この背景としては、日本では特に市場の成熟による顧客の奪い合いが激しく、どの企業も顧客体験を改善するために積極的に投資をしていくことが挙げられます。顧客一人ひとりに向き合い最適な体験を提供できるかどうかが競争力につながっていくのです。

「満足している」と言いながら離れていく顧客たち

ＣＸＭにおいてもっとも重要視すべきは、顧客が自社に対してどのような感情を抱いているかです。より良い感情を抱いてもらえるように、顧客との接点を継続的に改善していく必要があります。

ただし、ここには2つの解決しなくてはならない問題があります。

1つは、「顧客の感情」をどのように知るかです。そしてもうひとつは、その感情をどのように良くするかです。

顧客の感情を知る手段としてこれまで多く用いられてきたのは、「満足度調査」でした。具体的には「当社の商品やサービスに満足していますか。5段階（または3段階や7段階）の選択肢から選んで下さい」と尋ねるものです。顧客体験のあらゆる場面を切り取りたければ、その質問は「当社の商品の価格に～」「当社の従業員の接客態度に～」「当社のアフターサポートに～」と質問が増えていくことになります。

ところが、前出のスーパーマーケットや銀行の例からも明らかなように、この満足度調査の結果と、実際の顧客の行動は一致しないことが分かっています。

ライクヘルドが2006年に執筆した「The top 10 reasons you don't understand your customers」によると、その企業のサービスを継続せず、解約した顧客の6割から8割が、直前の満足度調査で「大変満足」「満足」と回答していました。

これは、「満足している」と回答した人たちが必ずしもサービスを使い続けるわけではなく、企業の収益拡大に貢献するわけではないということを示しています。つまり、満足度調査のスコアを向上させようという取り組みは、企業の継続的成長と収益の拡大に貢献しないのです。

では、どのようにすれば顧客が心で満足しているかどうかがわかるのか。また、そのレベルはどのようにして判断できるのか。

これまでにいくつかの方法で顧客の感情を知ろうとする試みが行われてきました。そのうちの1つが、「ネット・プロモーター・スコア（NPS）」を測定する方法です。その詳細については、次章で解説します。

第2章

カスタマー・エクスペリエンスを計測する

カスタマー・エクスペリエンスを計測するNPS

「ネット・プロモーター・スコア（ＮＰＳ）」とは、２００３年に米ベイン・アンド・カンパニーのフレドリック・Ｆ・ライクヘルドによって提唱された、顧客の感情を知るための指標です。２００３年にハーバード・ビジネス・レビューに掲載されて以降、現在では、米国のＦｏｒｔｕｎｅ誌がランキングする「フォーチュン500」の企業のうち３分の１以上が、このＮＰＳを導入しているとされています。

顧客への質問とその回答の分析方法がとてもシンプルでわかりやすいことがＮＰＳの最も大きな特徴です。さらに、得られた結果と企業の成長性や短期収益が強い相関関係にあることも重要なポイントといえます。

顧客への質問は、基本的にたったひとつ。

「あなたはこの商品を、親しい友人や知人にどの程度おすすめしたいと思いますか？」

――これだけです。

ＮＰＳでは、こうした問いに対して、顧客が「０」から「10」までの11段階の選択肢か

【図2-A】 **NPSとは**

●NPSは推奨者の割合から批判者の割合を差し引きすることで算出
●このように、非常にシンプルな質問と算出方法でNPSを計測

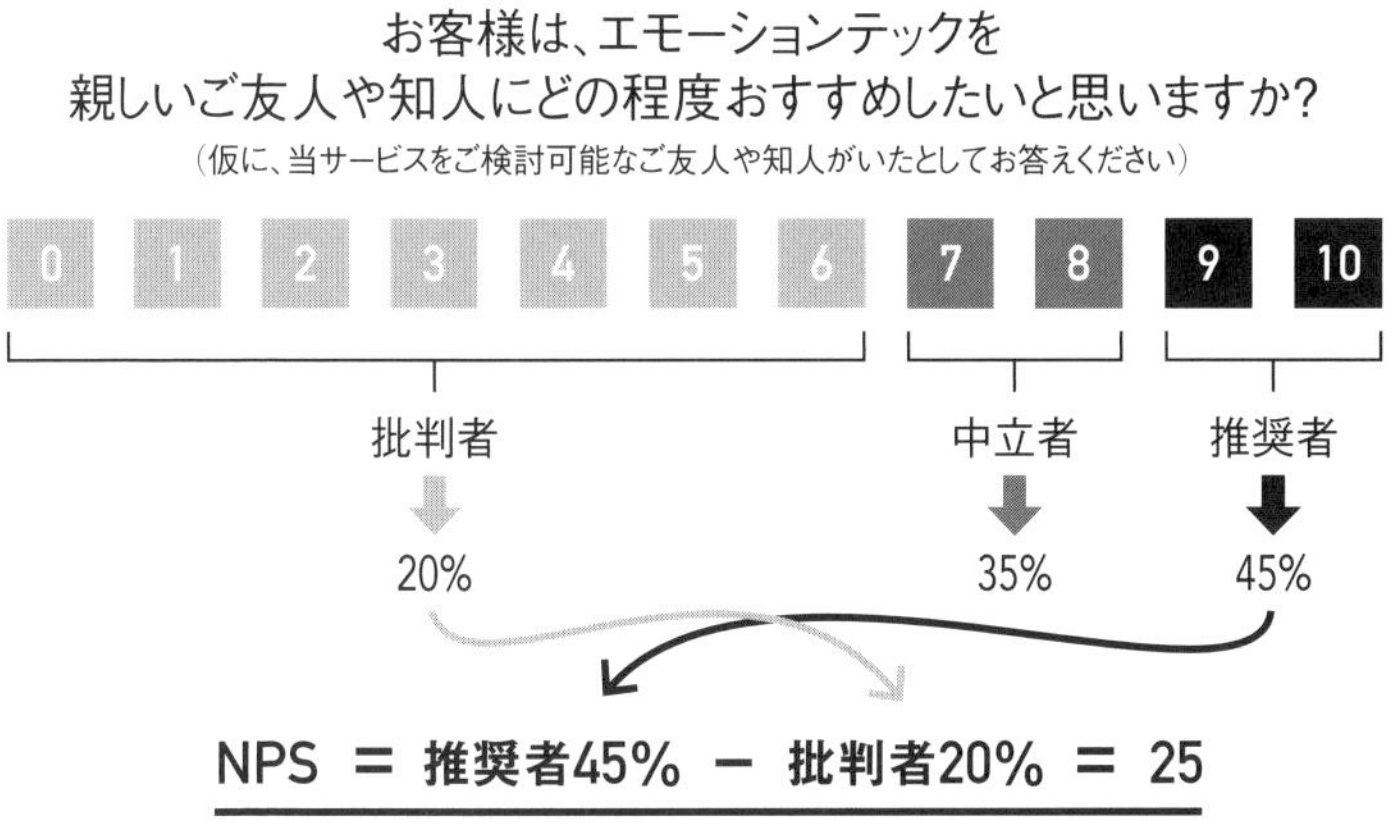

ら答えを選びます。全くすすめたいと思わなければ0、無条件ですすめたければ10、どちらでもなければ、1から9の間から、自分の〝おすすめ度〟に最も近いものを選びます（図2-A）。

この手法は、「あなたはこの商品（サービス）に満足しましたか？」という質問に対して、「大変満足した」「満足した」「どちらでもない」「不満」「大変不満」の5つ程度の選択肢から最も近いものを選ぶ「満足度調査」の手法に非常によく似ています。しかし、分析方法や得られる結果は全く異なります。

NPSでは、11段階ある選択肢のうち、0〜6を選んだ人を「批判者」、7や8を

選んだ人を「中立者」、9や10を選んだ人を「推奨者」と呼びます。そして、推奨者の割合から批判者の割合を引いた値がNPSです。例えば推奨者が45％、批判者が20％の場合、NPSは45から20を引いた「25」です。

当然のことながら、推奨者が批判者よりも多ければNPSは正の値になり、逆であれば負の値になります。また、両者の数が同じであったり、批判者や推奨者がおらずすべての顧客が中立者に分類されたりする場合はゼロです。NPSの値が大きければ大きいほど、その商品やサービスは「親しい友人や知人にすすめたい」と顧客に思わせていることを示しています。

NPSの捉え方

①NPSがマイナス＝「悪い商品」というわけではない

推奨度は、商品やサービスだけでなく、企業について尋ねることもできます。また、継

【図2-B】 NPS順位

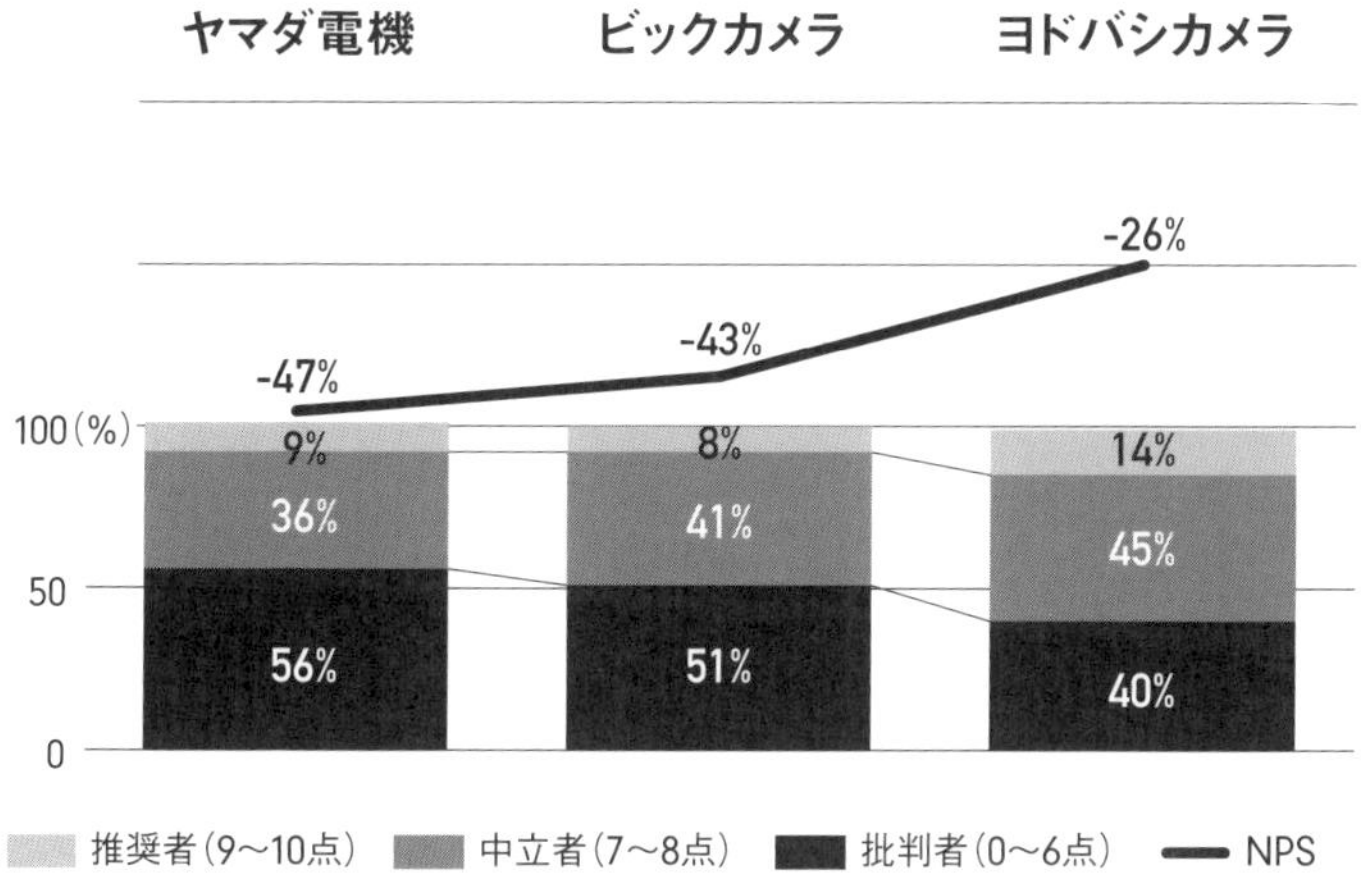

続的に調査してその変化を見ることも、複数の対象を同時に調査・比較することも可能です。例えば、私たちエモーションテックは、2018年にヤマダ電機、ビックカメラ、ヨドバシカメラの3つの家電量販店について、過去一年以内にこれらの家電量販店を利用した方を対象にNPS調査を行いました。

その結果、NPSは、ヨドバシカメラが「マイナス26」、ビックカメラが「マイナス43」、ヤマダ電機が「マイナス47」となりました。ほぼ同じ商品を取り扱っている3店でもこれだけの違いがあることが分かります（**図2-B**）。

また、「スターバックス コーヒー」「ド

【図2-C】 NPS順位

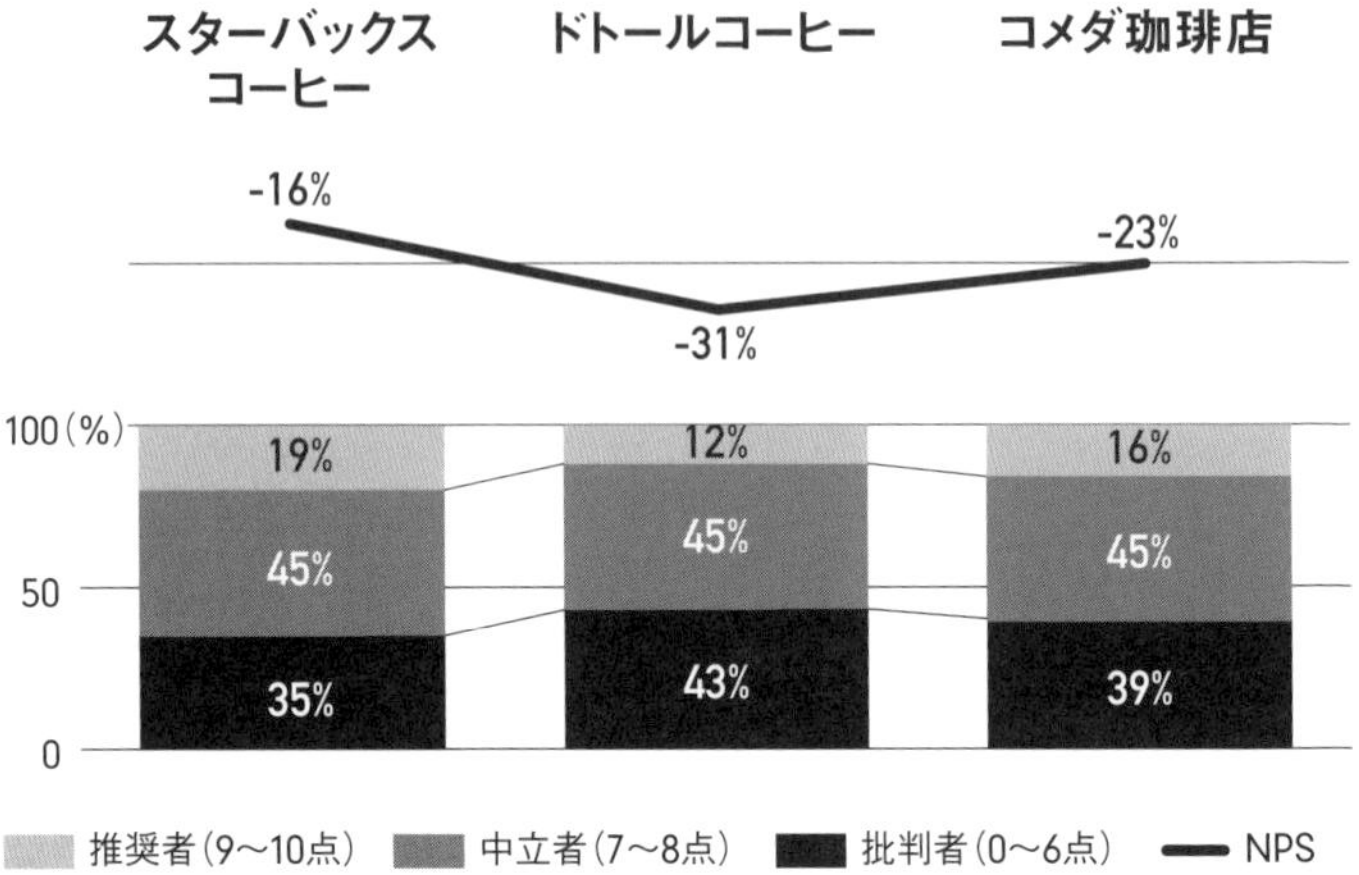

トールコーヒー」「コメダ珈琲店」などのコーヒーチェーンについて同様の調査をしたところ、NPSはそれぞれ、「マイナス16」「マイナス31」「マイナス23」でした。

家電量販店とコーヒーチェーン店、いずれの企業もNPSはマイナス、とある意味ショッキングな結果になりましたが、マイナスの数値が出たからといって、悪いサービス・商品であると結論づける必要はありません。業界や商材によっては、NPSが低く出やすいケースも確かに存在しており、業界内でトップの顧客体験を提供している企業であってもマイナスの数値が付くことはあります。

②現在のNPSをどの程度高められるかに集中する

ＮＰＳはあくまでも、現在顧客が感じているロイヤルティ（ブランドや商品への信頼や愛着度）を数値にしたものに過ぎません。絶対値としてのマイナス・プラスには大きな意味がないと考えても良いでしょう。重要なのはマイナスの数値・プラスの数値が出たということではなく、現在のＮＰＳからどの程度まで引き上げられるかを考えていくことです。一番重視すべきは、以前の点数と比べて高くなっているかどうか。ＮＰＳを定期的に計測していくことで、日々行っている顧客体験向上に対する取り組みが、正しい方向に向かっているかを確認することができます。また同業界内の他社と比較することにも意味があります。ＮＰＳは簡単に計測できることから、多くの企業で採用されており、業界内での比較がしやすいと考えられます。

③日本のNPSはなぜ低く出るのか

アメリカではプラスに出る企業が多い中で、なぜ日本のＮＰＳが低く出るのでしょうか。第7章でもその根拠を後述していますが、その理由の一つは国民性の違いです。２００６年に行われた研究では、日本は26カ国中、回答の中心化傾向が最も強いことがわかりました。実は日本人は選択肢があるとその中央付近のものを選ぶ傾向が高いのです。11段階あるNPSの選択肢の〝中央〟は、「4」～「6」あたり。これらの選択肢を選んだ人は、前述したようにNPSでは「批判者」に当たります。つまり中央を選ぶ人が多いほど、NPSの値はマイナスに傾くのです。

また、私たちエモーションテックでも、推奨度の点数と顧客の購買行動（ある商品やサービスの利用回数や購買単価）の関係性について研究を行っています。今後はより個社ごとに最適化された点数の配分や、日本という文化に適合した指標なども登場する可能性があると考えます。

NPSを知ると顧客の本音が見えてくる

もうひとつ、我々が行った別の調査結果を紹介しましょう。

ある健康食品の通販サイトの顧客に対して行った調査です（図2-D）。ここでは、同一の

【図2-D】各指標と紹介実績の比較事例（通販サイトの事例）

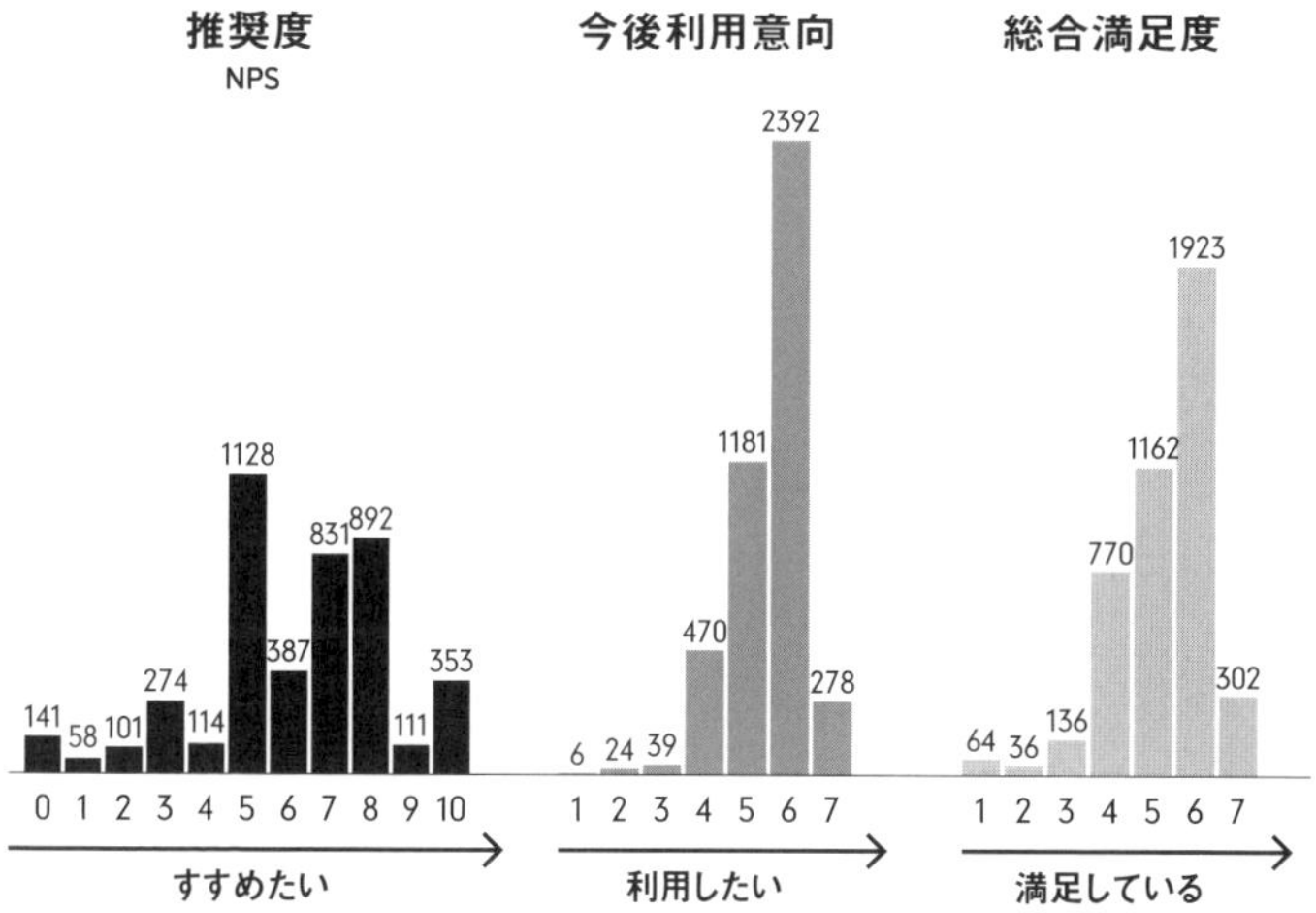

顧客群を対象に、3つの質問をしています。1つは「○○（ブランド名）を親しい知人や友人に紹介しますか」と11段階で推奨度（NPS）を尋ねたもの、もう1つは「もう一度購入したいと思いますか」と顧客自身の今後の利用意向（リピート意向）を7段階で尋ねたもの、そして最後に「満足していますか」と総合満足度をやはり7段階で尋ねたものです。

まず、注目したいのは、これらの3つの質問に対する回答の違いです。

推奨度を尋ねた質問で最も多い回答は「5」で、次に「8」「7」という結果になりました。利用意向（リピート意向）を見てみると、圧倒的に多いのは「利用したい」で、それに続くのが「機会があれば利用したい」「どちらでもない」。総合満足度では多い順に「満足」「やや満足」「どちらでもない」となっています。

「利用したい」「満足」と答えている人が多い割に、最初の質問で聞いた推奨度についてはさほど積極性が見られないという結果になっています。ここから読み取れるのは「満足と回答していても、隠れた不満を持っているため、友人たちにはすすめられない」という、リピート意向や総合満足度調査だけからでは読み取れない顧客の本音です。「もう一度購入したいと思いますか」「満足していますか」……こうした質問の仕方をしていても、本当の満足度は分からないということです。満足度を知りたければ直接「満足しましたか」と聞く代わりに、他の質問を用意すべきです。

隠れた不満を持っている、とはどういうことなのか。ここで、別のグループを対象に、「大変満足」「満足」「ふつう」「不満」「大変不満」の5段階評価で総合満足度とNPSを調査した結果を比較してみます（図2－E）。

総合満足度調査で「大変満足」と回答した人をNPSで分類してみると、なんとそのうちの19％近くが「批判者」でした。つまり「大変満足した人」のうち2割近くが、NPS調査で「0」から「6」を選んでいたのです。また、「7」または「8」を選んだ「中立

【図2-E】 なぜNPSなのか

●「満足」よりも「おすすめ」を測定することの意義

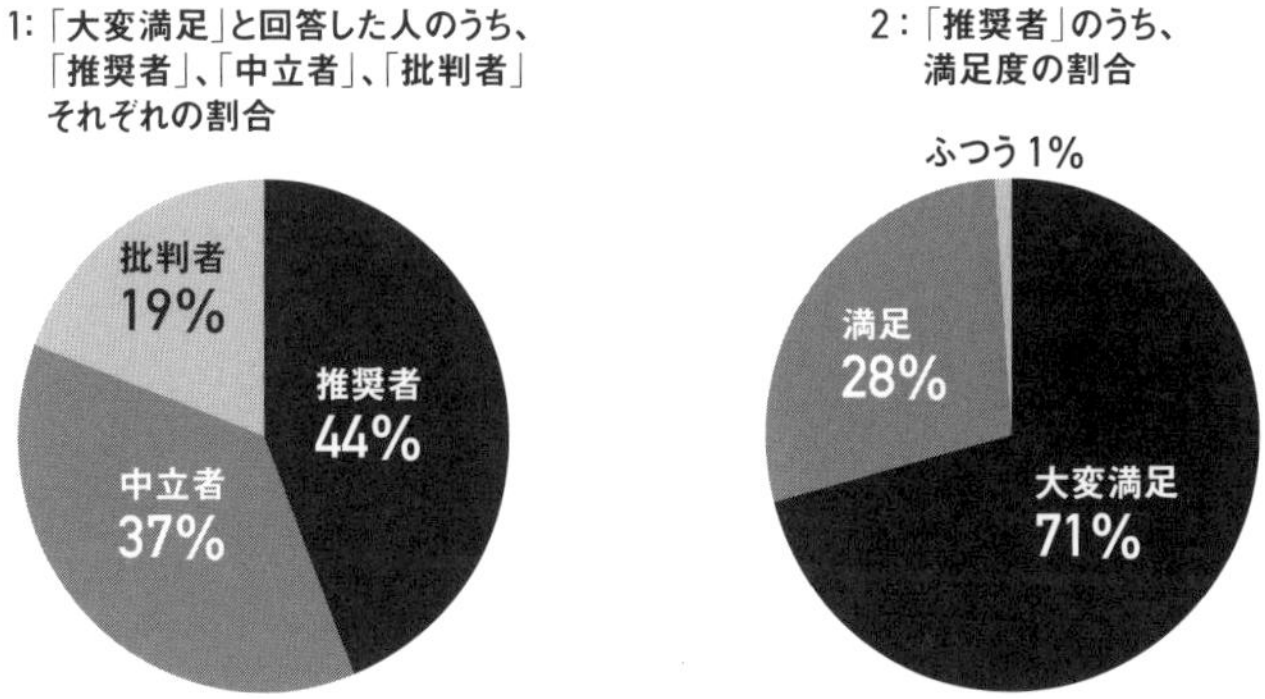

「満足している」と答えた方の56%が、「人にすすめたいほどではない」と回答

者」は37%、「9」か「10」を付けた「推奨者」は44%でした。「大変満足」していても親しい友人や知人へ推奨する人は半分以下。逆に言えば、「大変満足」している人のうち、56%の人は、さほど人にすすめたくはないと思っているということです。

反対にNPS調査で「9」か「10」を選んだ「推奨者」が、総合満足度調査でどの選択肢を選んだかを見てみると99%の人が、「満足」(28%)か「大変満足」(71%)を選んでいるということがわかりました(**図2-Eの右グラフ**)。つまり、NPS調査の推奨者に分類される人はほぼ満足しているということです。この人たちこそが、本当に満足している人たちではないでしょうか。

この理由は「大変満足」なのに「推奨者」になっていない人の回答と、「大変満足」かつ「推奨者」の人の回答を見比べれば明らかになります。例えば、とある「高額な美容院」の場合、それなりに腕の良い美容師が施術をしてくれます。こういった場合、「当店のご利用に満足いただけましたか？」という質問に対しては、「満足」や「大変満足」が増える傾向にあります。それは施術の品質が高いからです。一方、「当店の利用を親しい友人に勧めますか？」という質問には、結果が分かれます。ある人は「施術には満足しているが、高額なのですすめない」と回答し、ある人は「この価格を払ってでも施術してもらう価値がある」と回答します。

この事象は2つのことを示唆しています。一つは、満足度はサービス品質や価格など、それぞれに対する顧客の感情を測ることができても、サービス全体や店舗に対するロイヤルティを計測できていない、ということです。そしてもう一つは、「施術には満足しているが、高額なのですすめない」と回答した人は、その人自身が金額に対して隠れた不満を持っており、満足度ではその本音をあぶり出せていないということです。「この価格を払ってでも施術してもらう価値がある」と感じている人ほど価値を感じておらず、金額がその人自身の利用にもネックになってしまっている可能性があります。少なくともそのお店のファンになっているとは言えない状態でしょう。

「交通が不便なところにある優良な旅館」などでも同じ回答が確認できます。「私はその旅館でとても良い思いをしたけれど、(旅館までのアクセスがあまりにも大変で普通の人は敬遠するだろうから)他の人にはすすめられない」と考える人もいるでしょう。サービスや商品自体の品質だけではなく、アクセスや価格なども含めて推奨するかどうかを判断するからです。つまり、「私は満足しているけれど、他の誰かにすすめるのであれば、ここをなんとかしてほしい」と、〝満足という回答に隠れた不満点〟を洗い出しているのです。そこには、親しい友人や知人に、「自分が心から満足していないもの」をすすめてしまうことで、自分への信頼までもが毀損されることを恐れる気持ちもあるでしょう。

こうしたことを考えるとNPSの特徴ともいえる、「親しい友人や知人にすすめますか?」という質問が、商品単体の価値ではなく、サービスやブランド全体の満足度を知る上で、的を射ていることが理解できます。

NPSは収益との相関が強い

ここでは、推奨度（NPS）、今後利用意向、総合満足度の3つの質問それぞれにどのように回答したか。また、実際に「親しい友人や知人」にすすめた経験があるかどうかの相関を見てみます。図2－Dで示した調査に、実際に知人に紹介した割合のグラフを重ねてみました（図2-F）。

推奨度について尋ねたNPSの結果と、実際に紹介したかどうかは、きれいな相関関係があることが分かります。NPSの調査で「10」や「9」を選んだ人は実際に7割以上の確率で誰かに商品やサービスをすすめています。逆に「0」から「6」を選んだ批判者に分類される人たちの場合は、それが3割を下回ることもあります。

ところが、「今後利用意向」と実際の推奨行為との関連、さらに、「総合満足度」と推奨行為との関連を見てみると、推奨度（NPS）との相関ほど強くはなっていません。顧客が実際にインフルエンサーとして、親しい友人や知人に商品をすすめてくれるかどうかは、今後利用意向や総合満足度といった調査からは、なかなか推し量れないのです。

【図2-F】各指標と紹介実績の比較事例（通販サイトの事例）

●同一アンケート内で推奨度・今後利用意向・総合満足度を質問し、紹介との相関を検証した。

●紹介した実績と推奨度の相関が一番強かった。

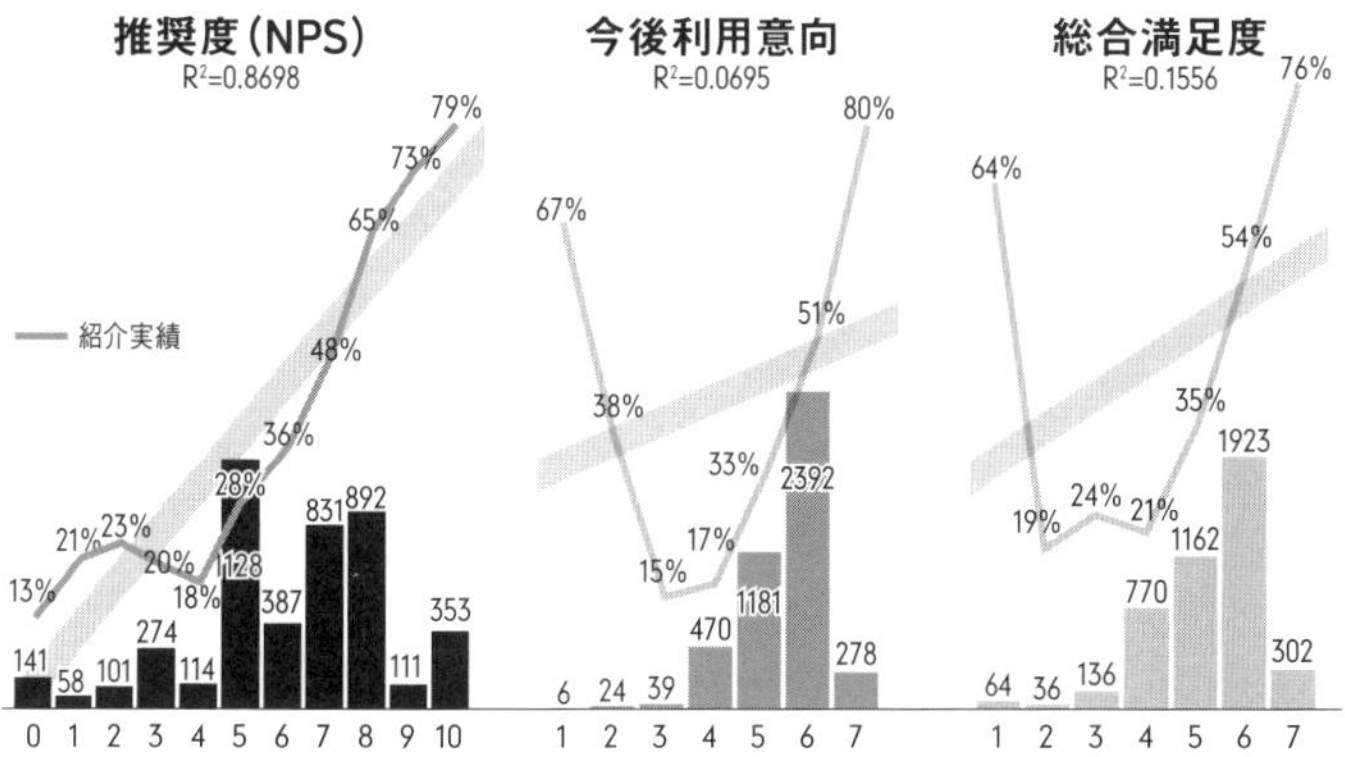

NPSでは「すすめますか？」という推奨度を聞いているので、高いスコアの人が友人や知人に商品をすすめるのは当たり前だ、という見方もあるでしょう。

そこで今度は、これら3つの調査結果と累計購入額の相関を見てみます（図2-G）。

ここでもやはり、最も相関が強いのは推奨度（NPS）です。すすめたいと考えている人ほど、この健康食品のサイトに多くのお金を使っています。総合満足度の場合も正の相関がありますが、推奨度ほど強くはありません。つまり、収益を今よりも増やしたければ、「今後の利用傾向」でも「総合満足度」でもなく、現状の推奨度つまりNPSを調査し、それを押し上げる施

【図2-G】 各指標と収益相関性の比較事例（通販サイトの事例）

●同一アンケート内で推奨度・今後利用意向・総合満足度を質問し、収益相関性を検証した。
●累計購入額は推奨度の相関が一番強かった。

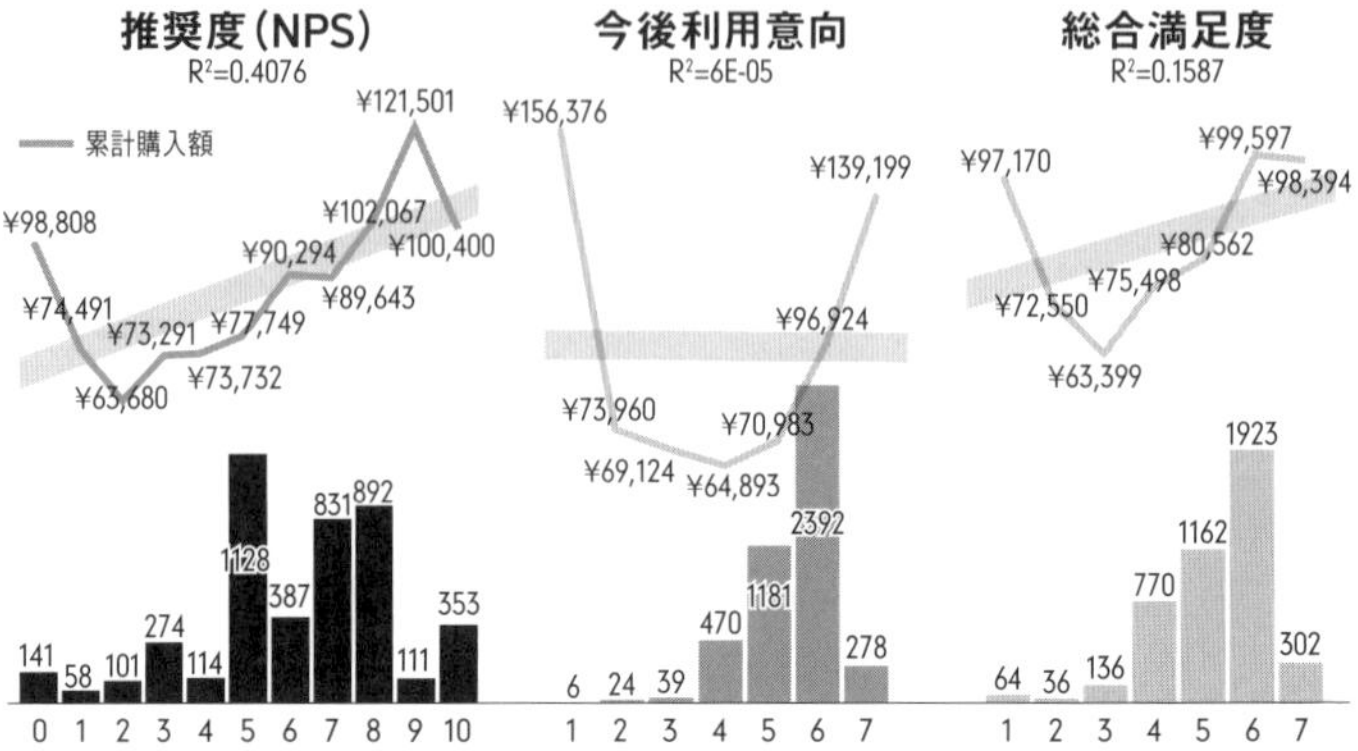

策をとるべきであるということなのです。
　調査からは興味深い傾向も見られます。3つの調査で、「絶対にすすめない」「絶対に利用しない」「大変不満」などいわゆる〝最低ランク〟の答えを選択した顧客だけに注目してみると、意外にも実際に推奨行為をとった人の比率が高く、さらに累計購入額も決して少なくなく、むしろ多いことがわかります。
　これは、かつては多額の買い物をして満足し、さらに人にもすすめてきた利用者が何らかのきっかけで心変わりを起こした、というケースによく発生します。つまり、この通販サイトはかつてのロイヤルカスタマーを失った可能性があるのです。

NPSでもそうした傾向は見られますが、ここにNPSを〝11段階〟で聞く意義があります。つまり、NPS調査で「全くすすめない」の「0」を選ぶのは非常に極端な体験をした顧客であるとみなし、NPSの計算対象から外すという考え方もあるのです。

詳しくは後ほど説明しますが、NPSは離れてしまったロイヤルカスタマーを呼び戻すための調査ではありません。すでにロイヤルカスタマーである顧客の流出を防ぎ、そこに押しとどめ、これからロイヤルカスタマーになりそうな人を候補群から押し上げるための指標なのです。

具体的にいえば、推奨度で「6」や「7」と回答した顧客を「9」や「10」に押し上げることができれば、この通販サイトなら累計購入額を9万円前後から11万円前後に増やすことができ、収益を向上させられるはずです。

別の調査結果からも、「批判者（0〜6）」を「中立者（7〜8）」以上にするよりも、「中立者」を「推奨者（9〜10）」にする方が、企業収益が向上しやすいということが判明しているケースも存在します。

図2-Hはとある小売業の事例です。横軸は推奨度、縦軸は回答した顧客の総利用金額です。ここにもきれいな相関があり、推奨度がひとつ上がるごとに総利用金額は平均で

【図2-H】 **推奨度1点あたりの目的に対する価値**

●ある小売業での事例
●推奨度が1ポイント向上すれば総利用金額（LTV）が23,913円増加することが判明

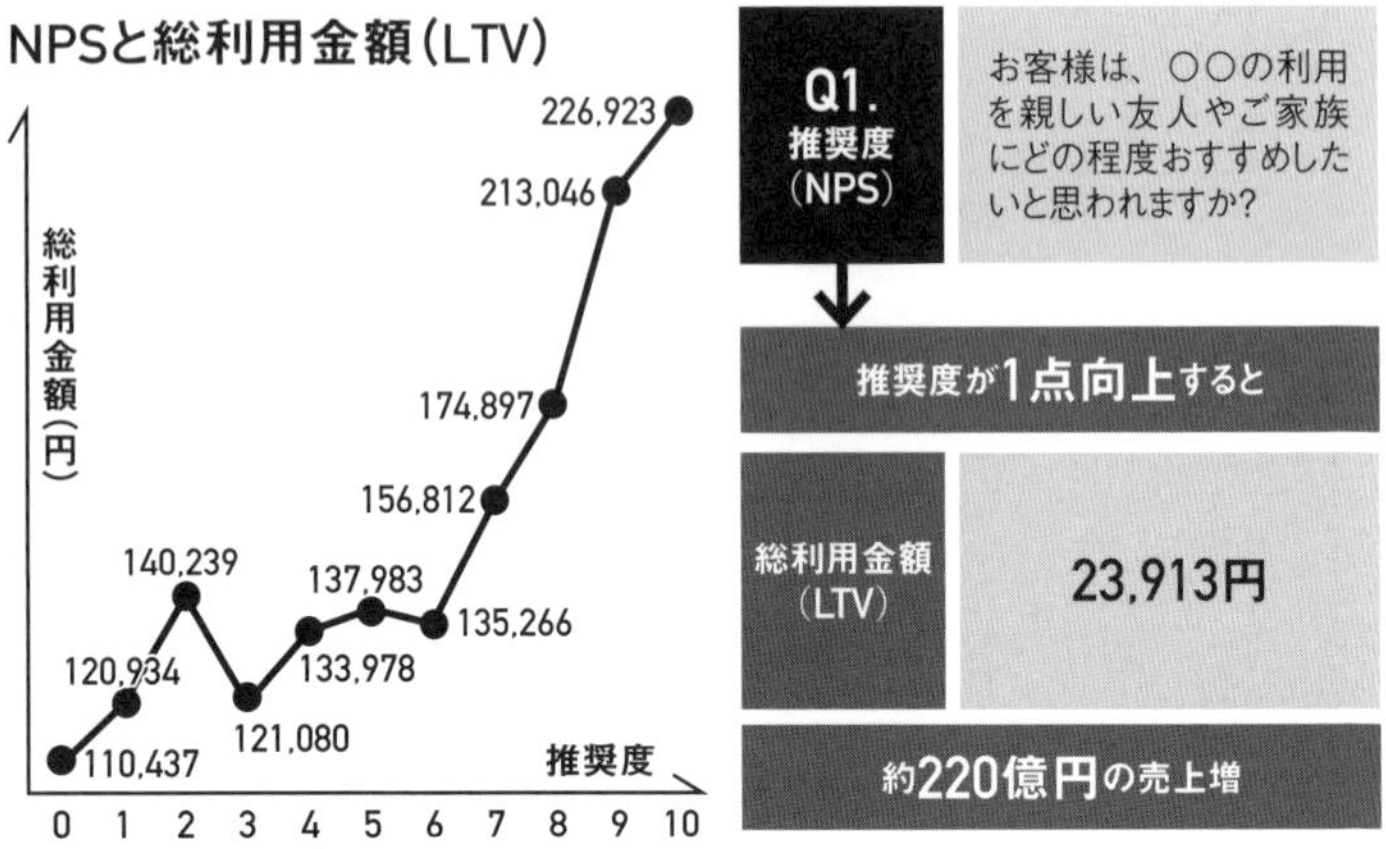

2万3913円上がっています。ここで注目すべきは、推奨者と中立者の間の総利用金額の開きです。推奨度を「8」から「9」にすると、総利用金額は4万円近く上がるのです。しかし、「6」を付けた批判者を「7」の中立者に引き上げたとしても、総利用金額は2万円ほどしか上がっていません。

こうした顧客調査を進めていくと、不満を持つ人、すなわちNPSでの批判者につい関心が向きがちですが、今回の例で言えば、批判者を中立者に引き上げたとしても、総利用金額は実はそれほど増えないのです。また、批判者をなんとか中立者に押し上げても、中立者はインフルエンサーにはなり

ません。

注目するべきは、すでにロイヤルカスタマー、すなわち〝ファン兼インフルエンサー〟になっている顧客です。その手前にいる顧客との違いを見つけ、対策を行ってロイヤルカスタマーの数を増やせば、それが収益の向上につながるはずです。

NPSの高い企業は顧客を囲い込み、成長する

目的が単に年間の累計購入金額を押し上げたいだけなら、NPSのスコアを向上させなくても、割引クーポンを配布したり、ポイント還元や紹介者割引などのキャンペーンを展開するといった方法も考えられます。

しかし、ご存知のようにこうした実質的な割引による効果は長続きしません。一時的な販売数は確かに上がるかも知れませんが、これは「購入」という顧客体験のごく一部に対してのハードルを下げているだけです。ハードルが元の高さに戻れば、安さだけに魅力を

【図2-1】 NPSはなぜ、指標として良いのか

NPSと、企業の収益は連動しています
●同一アンケート内で推奨度・今後利用意向・総合満足度を質問し、収益相関性を検証した
●累計購入額は推奨度の相関が一番強かった。

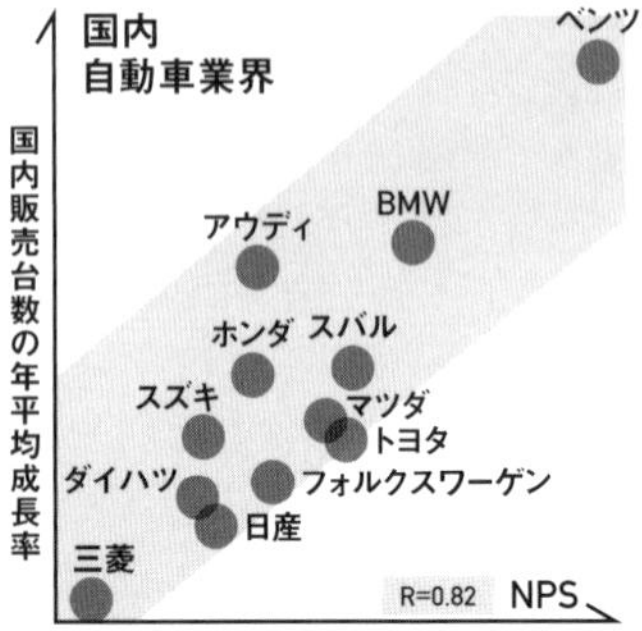

出典：日経BPコンサルティングとEmotion Tech 自動車業界の「NPS×カスタマージャーニー」について共同調査を実施　2017/11/21 リリース

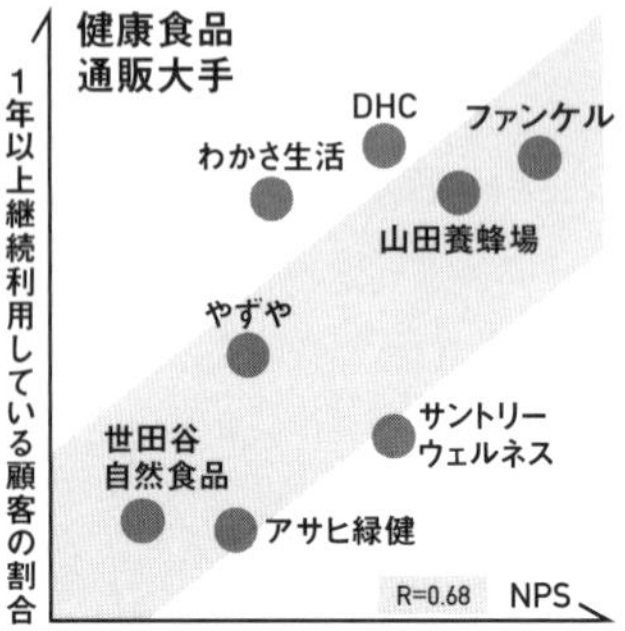

出典：エイジアとEmotion Tech　健康食品通販大手のECサイトにおける顧客ロイヤルティ調査を実施　2018/3/29 日本流通産業新聞掲載

感じて集まってきた顧客はより低いハードルを求めて流出していきます。

通常、割引などで顧客を獲得した場合、売上は上がっても、企業の利益にはあまりプラスとなりません。利益を高めるためには、そうして獲得した顧客に長く利用し続けてもらう必要があります。しかし、割引が終わることですぐに顧客が離れてしまうとすれば、割引による顧客獲得はむしろ企業にとって「損」になるのです。

一方で、NPSを高めると、顧客がすすんでサービスを利用するようになってくれるために、長期的な成長も見込めます。

図2－1の左側は、私たちエモーションテックが日経BPコンサルティングと共同

【図2-J】 **NPSと退会率の相関**（スポーツジムでの事例）

●第1回調査時点と第3回調査時点のNPS・退会率の変化を店舗ごとに調査
●NPSが上昇した店舗は退会率が減少

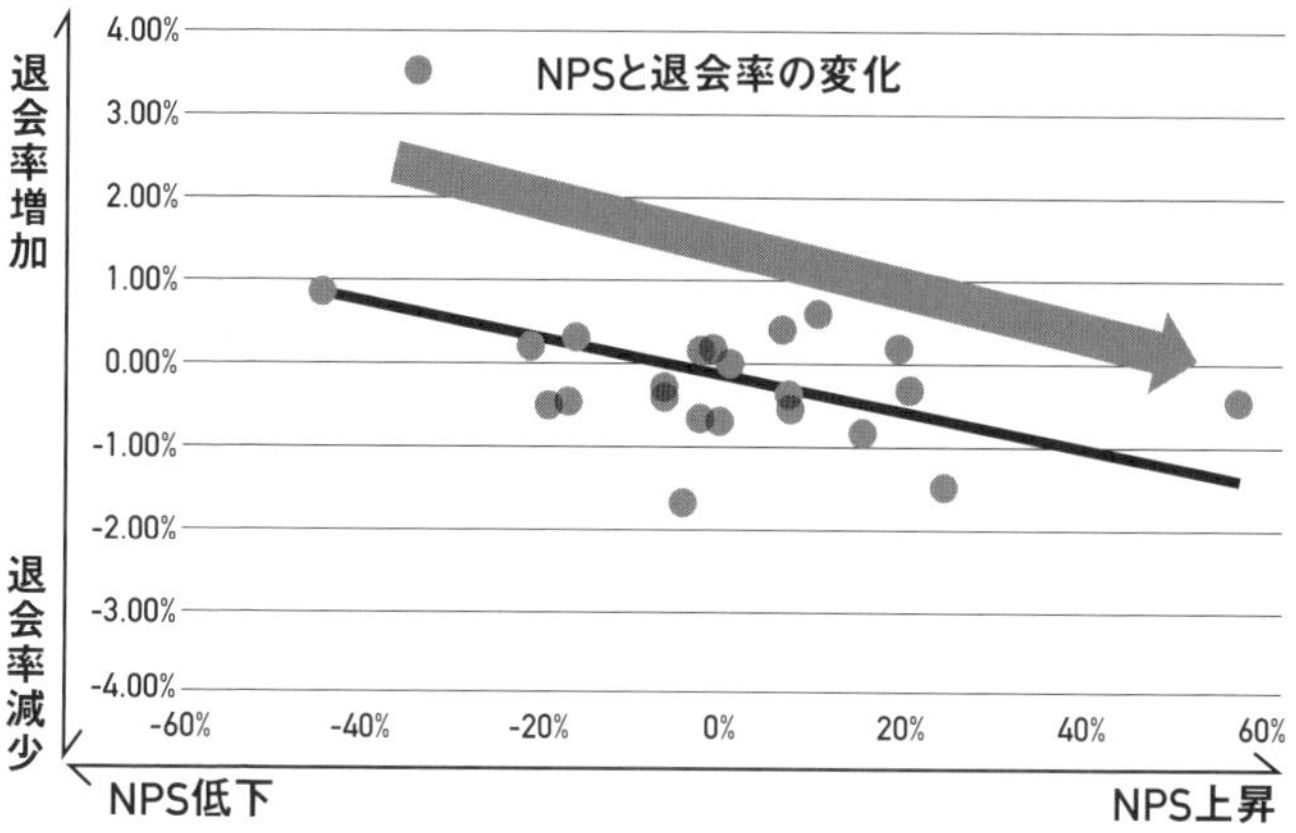

で調査した、主な自動車メーカーの日本国内におけるNPSと、日本国内における過去5年間の販売台数の年平均成長率との相関を示したものです。

グラフを見れば分かるように、NPSの高い企業は明らかに成長しています。あるいは、成長している企業はNPSが高いと言えます。

また、図2－Iの右側は通販の健康食品大手のECサイトについて、エモーションテックとエイジアが共同で調査したものです。NPSの高い企業ほど、1年以上継続して利用している顧客の割合が高いことが分かります。裏を返せば、NPSの低い企業は短い期間で顧客に去られてしまってい

【図2-K】 NPSと退会率の相関（スポーツジムでの事例）

●「満足度」や「今後利用意向」よりも「おすすめ」を測定することの意義

代表的な指標例	品質評価	ロイヤルティ	回答本気度	収益相関
顧客満足度	○	×	△	×
今後利用意向	○	△	×	×
推奨意向（NPS）	○	○	○	○

収益相関が強く、売上成長の先行指標としての信頼性が高い

る可能性が高いということです。

図２－Ｊは、とあるスポーツジムにおける店舗ごとの退会率の変化をグラフにまとめたものです。

25店舗で、複数回にわたってＮＰＳを調査したもので、横軸は初回調査と1年後の調査でのＮＰＳの上昇率、縦軸はその1年間で退会率がどの程度変化しているかを示しています。

ＮＰＳが上がった店舗の退会率は明らかに減少しています。これは1年間にわたって、各店舗でＮＰＳを上げる取り組みをした結果です。立地や設備、客層は店舗によって異なりますが、ＮＰＳを上げれば顧客の流出を食い止められるという点は共通し

ているということがわかります。

ロイヤルカスタマーと長く良好な関係を築き、長期的な成長をしたければ、小手先のセールやキャンペーンに走らずに、NPSの向上に注力すべきですなのです。

ここまで、NPSと総合満足度調査、リピート意向調査についての比較をしてきました。その違いを簡単にまとめると図2-Kのようになります。NPSは、「相対評価」「回答本気度」「収益相関」といった部分で、他の調査よりも有利です。つまり、収益相関が強く、売上成長の先行指標としての信頼性が高いということです。

NPSを導入すべき業界や企業

顧客体験の向上を目指す企業にとって、NPSを用いて現状の顧客体験を計測することは非常に重要な意味があります。

身近なものに例えるならば、ダイエットと同じです。「最近お腹がたるんできているから」といって、すぐにランニングを始めてしまうようなダイエットはなかなか成功しません。ダイエットを始めるときにまず最初にやるべきことは、「体重計に乗ること」なのです。現在の体重を知り、目標体重を決め、そのために消費カロリーを増やすのか、摂取カロリーを減らすのか、という具合に方針を決めていきます。その結果、毎週どのくらいのランニングをすべきなのかが分かり、計画的にダイエットを進めることができます。

カスタマー・エクスペリエンスの改善もこの計測というステップが重要です。よく顧客体験向上のために「チャットボットを導入した」「RPAを導入して自動化している」などという話を耳にします。私たちが知る限りでも非常に効果的なツールやソリューションは多数存在しています。ただ、これを目的なく導入してしまっては、体重計に乗らずランニングをしてしまうダイエットと変わりません。NPSは現在顧客が感じている体験価値を数値化し、どの程度まで改善する必要があるかを明確にしてくれます。そして、改善すべき体験が「問い合わせ」であれば、チャットボットやweb接客と呼ばれるツールが効果を発揮するでしょう。そういった点ではNPSはカスタマー・エクスペリエンスを改善する多くの企業にとって、最初に計測するべき指標になり得ると考えています。

その一方で、業界やビジネスモデル、または目的によってNPSの活用方法は大きく異なります。私たちエモーションテックは約400社以上のNPSの調査およびカスタマー・エクスペリエンス向上に関わってきた経験から、以下のような企業や目的に特におすすめしています。

まず、「顧客会員基盤」のある企業が顧客の解約率を下げる、あるいは会員数を増やす目的で利用する場合です。

ここまで例に挙げたような、健康食品の通販サイトやスポーツジムがそれに当たります。他にも、顧客が会費を支払ってサービスを利用する、クレジットカードやネット動画配信、習い事、ファンクラブなどが相当します。昨今、注目されているサブスクリプションと呼ばれる月額課金制サービスも同じです。こうした業態の市場は競合が多く、競争が多いのも特徴です。

これらの企業の多くは、どうしたら顧客が顧客のままで居続けてくれるか、どうしたらより会費の高いランクにアップグレードしてくれるかについて強い関心を持っています。そのヒントはNPSにあります。自社だけでなく、競合他社の評価についてもNPSは測定が可能です。

また、単価の高い商材を扱う企業が営業力を強化する目的にもおすすめです。

多くの顧客は、高価な買い物をそう何度も繰り返しません。不動産や車の購入、保険への加入、携帯電話キャリアやインターネット回線選びなどは単価が高いので、他の商品やサービスのように気楽に選べないのです。転職サービスのように、人生に大きな影響を与えるサービスを利用するときも同様です。大きな買い物であるが故に、店舗スタッフの知識や誠実さを気にしたり、ネットの口コミなどを参照して情報を収集し、競合と徹底的に比較します。

もし顧客がほんの少しの不満を口コミサイトに書き込んだなら、その影響力は計り知れません。NPSでは「中立者」を「推奨者」に押し上げることも重要ですが、こうした企業にとっては、「0」や「1」を付ける「批判者」を極力減らすことも重要なのです。

これらの他に導入をすすめたいのは、人が価値を提供するサービス系企業の接客品質向上の目的です。リアル店舗を展開する小売業や飲食業、銀行や保険、B2Bの運送や運輸などがこれらに相当します。

47ページで家電量販店大手のNPSの比較を紹介しましたが、この3社が店頭で取り扱っている商品はほぼ同じです。それでもNPSに差が出るということは、商材そのものではないところに大きな違いがあるということです。

【図2-L】 NPSがフィットしやすい企業

◆ユーザーの会員基盤がある企業

・離脱を防ぎたい
・他社への流出を防ぎたい
・より高いグレードの会員数を最大化させたい

クレジットカード、化粧品、ハウスクリーニング、音楽教室、スーパー、ファンクラブなど

今の顧客が
「なぜ顧客でいるのか」
「どうすれば続けるのか」
「なぜやめていくのか」
を知り、手を打ちたい

「不満顧客への対応を知りたい」
「誰が不満になっているかを知りたい」
「人のサービスクオリティが大事」

◆高単価な商材を扱い、対面商談する機会が多い企業

・"商談"自体のクオリティを高めたい
・"成約率"を最大化させたい

通信サービス、転職エージェント、不動産、自動車など

◆"人"が価値を提供しているサービス業の企業

・顧客接点で重要な、"スタッフ"のパフォーマンスを高めたい
・従業員自体のロイヤルティも高めたい

小売、飲食店、旅行代理店、鉄道、玩具店、銀行など

「人のサービスクオリティが大事」
「デジタルでのデータ収集が難しい」
「ESも重要」

実店舗では、顧客のニーズや要望を直接聞き、商品やサービスを提案することができます。接客に価値を感じてもらうことができれば、同じ商品を別の店舗やネット通販で購入できるとしても、お店を利用し続けてもらうことが可能になるでしょう。どのような対応や接客によって、価値を感じてもらうことができるのかを知るのがNPS調査です。何が差別化の要因となっているのかを知り、長所を強化し弱点を補えば、NPSは改善し、企業の持続的な成長や収益の向上につながるはずです。また、詳しくは第6章で述べますが、顧客ではなく従業員を対象とした「eNPS」を知り、それを改善することは従業員の会社へのロイ

注）eNPS[SM]は、ベイン・アンド・カンパニー、フレッド・ライクヘルド、サトメトリックス・システムズの役務商標です。

ヤルティを高めます。これは離職率の改善や人手不足の解消に大きく貢献します。

何をすればNPSが上がるのか

顧客に対して「あなたはこの商品を親しい友人や知人にどの程度おすすめしたいと思いますか？」と尋ね、11段階から答えを選択してもらう。NPSの測定方法はこれがすべてです。どのような企業でも誰でも、NPSを測定することはできます。

しかしこれだけでは、NPSがなぜそのようなスコアになったのかを知り、NPSを向上させるためには何をしたら良いかを考え実行するには不十分です。

そこで実際にNPSを調査するに当たっては、11段階の質問の答えを選ぶ際に何がプラスに、何がマイナスに影響したのかの原因を続けて尋ねます。

NPSという概念が世に出たとき、ここが誤解されがちでした。「その点数をつけた理由は何ですか」と聞き、自由記入で答えてもらうだけで、すべてが丸裸にできると思われてしまっていたのです。

これには、ライクヘルドの記した書籍のタイトルが『THE ULTIMATE QUESTION』(邦題『顧客ロイヤルティを知る「究極の質問」』、ランダムハウス講談社)であったことも影響しているかもしれません。確かにベイン・アンド・カンパニーのように多くのコンサルタントを抱え、テキストマイニング(文字列データの分析)のような技術にも優れた企業なら、そうした方法で答えを探し出せたかもしれません。

しかし、一般的な企業では、NPSのスコアと自由記入欄のコメントをうまく結び付けられず、結果的にNPSを改善できないことがほとんどです。満足度調査を実施し自由記入欄でコメントを集めても、どのコメントにどう応えれば満足度が上がるのかまったく分からず、放置されるのが関の山です。

そこで、私たちエモーションテックでは「NPSに影響を与える顧客体験」に注目しました。「その点数をつけた理由は何ですか」と自由回答で尋ねる代わりに、一連の顧客体験を細分化した上で、どの要素がNPSを強く押し上げ、あるいは引き下げたのか、影響を与えなかったのかを調査しています。

こうすることで、顧客とのどの接点を見直すことがNPS向上に大きく寄与するのかが浮き彫りになります。収益を改善し持続的な成長に貢献する部分を明確にし、改善活動に取り組みやすくしているのです。

次の章では、具体的な調査項目と、それに対する顧客の回答をどのようにＮＰＳの改善に結び付けるかについて、解説します。

【図2-M】「顧客体験をマネジメントする」とは、つまり何か

収益を目的として、お客様ロイヤルティ(NPS)を向上させること
●そのために、強化したり改善しないといけない"顧客の体験"を見つけること
●さらに"顧客の体験"の、良し悪しに影響する具体的な要素を見つけ、手を打つこと

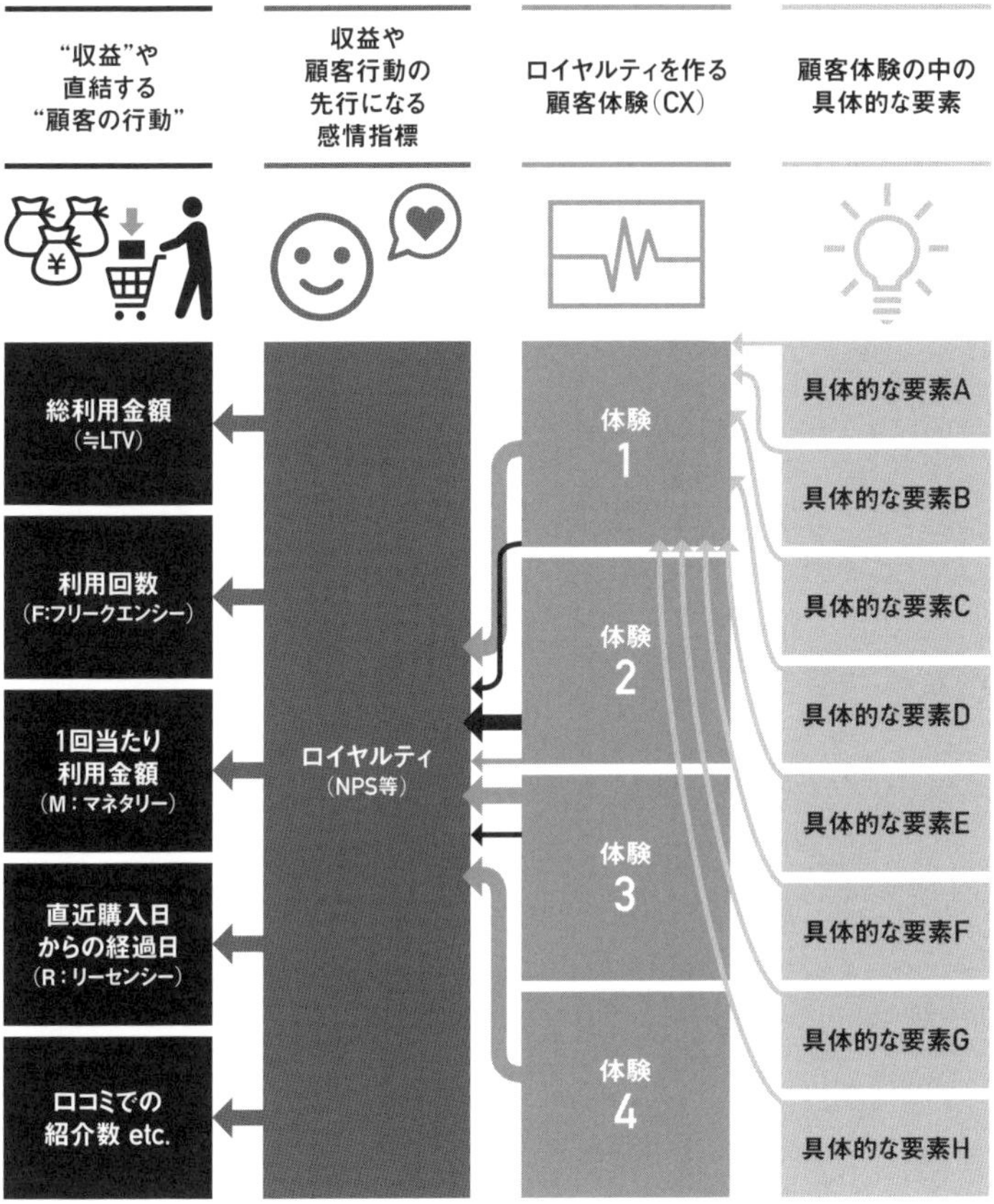

第3章

最も優先的に改善すべき体験を聞く

究極の質問の後に何を聞くべきか

ＮＰＳは「あなたは、この商品を親しい友人や知人にどの程度おすすめしたいと思いますか？」という〝究極の質問〟によって顧客の本心を見ようとするものですが、この問いを繰り返すだけでは、どうしたらＮＰＳが改善するのかが見えてきません。

そこで重要になるのは、この問いに続く質問です。

以前は多くの企業で、その点数を選んだ理由をフリーワードで尋ねていました。回答者にはより気楽に答えてもらい、回答を得た側はより分析・解析のしやすい方法があるだろうと考えた結果として、私たちエモーションテックでは、次のような質問をすることにしています。

「その点数をつけるにあたり、下記、それぞれの項目は『プラス（加点）に影響した』『マイナス（減点）に影響した』『どちらでもない』のどれに該当しますか」

これが第２の質問です。「それぞれの項目」には、顧客体験が並びます。リアルな店舗でのショッピングなら、「店に入った時の雰囲気」「店員の声かけ」「商品の見つけやす

【図3-A】 **調査における工夫**

- 整理した顧客体験ごとに感情を把握
- ポイントはシンプルに、かつ分析に足るデータにすること

Q1 お客さまは「○○」のご利用を親しい友人やご家族にどの程度おすすめしたいと思いますか？

0	1	2	3	4	5	6	**7**	8	9	10

低 ←→ 高

Q2 Q1で「おすすめ度：0～10」の点数をつけるうえで、以下の項目はどのように影響しましたか？

	非常にマイナスに影響した	ややマイナスに影響した	マイナスに影響しなかった	ややプラスに影響した	非常にプラスに影響した
広告やクチコミによるイメージ	○	✔	○	○	○
DMやチラシによるセール情報	○	○	○	○	✔
店舗へのアクセス	○	○	✔	○	○
⋮	⋮	⋮	⋮	⋮	⋮

さ」などがそれに相当するでしょう。

さらに行う第3の質問は、第2の質問で「プラスに影響した」「マイナスに影響した」と回答があったものについて、その理由を具体的に聞きます。

例えば、小売店でNPS調査を行うとき、第1の質問から、第2の質問に至るまでの具体的な流れは図3-Aのようになり「親しい友人や知人にどの程度おすすめしたいと思いますか？」という〝究極の質問〟である第1問では、推奨度をダイレクトに聞いています。

続く第2問では、推奨度として選んだ点数（図3-Aでは「7」）に対して、どのような項目が加点／減点に影響を与えたの

【図3-B】 各体験が推奨度に与える影響の大きさ

●推奨度に対する影響度の大きさをマッピング
●重要な体験とその度合を把握

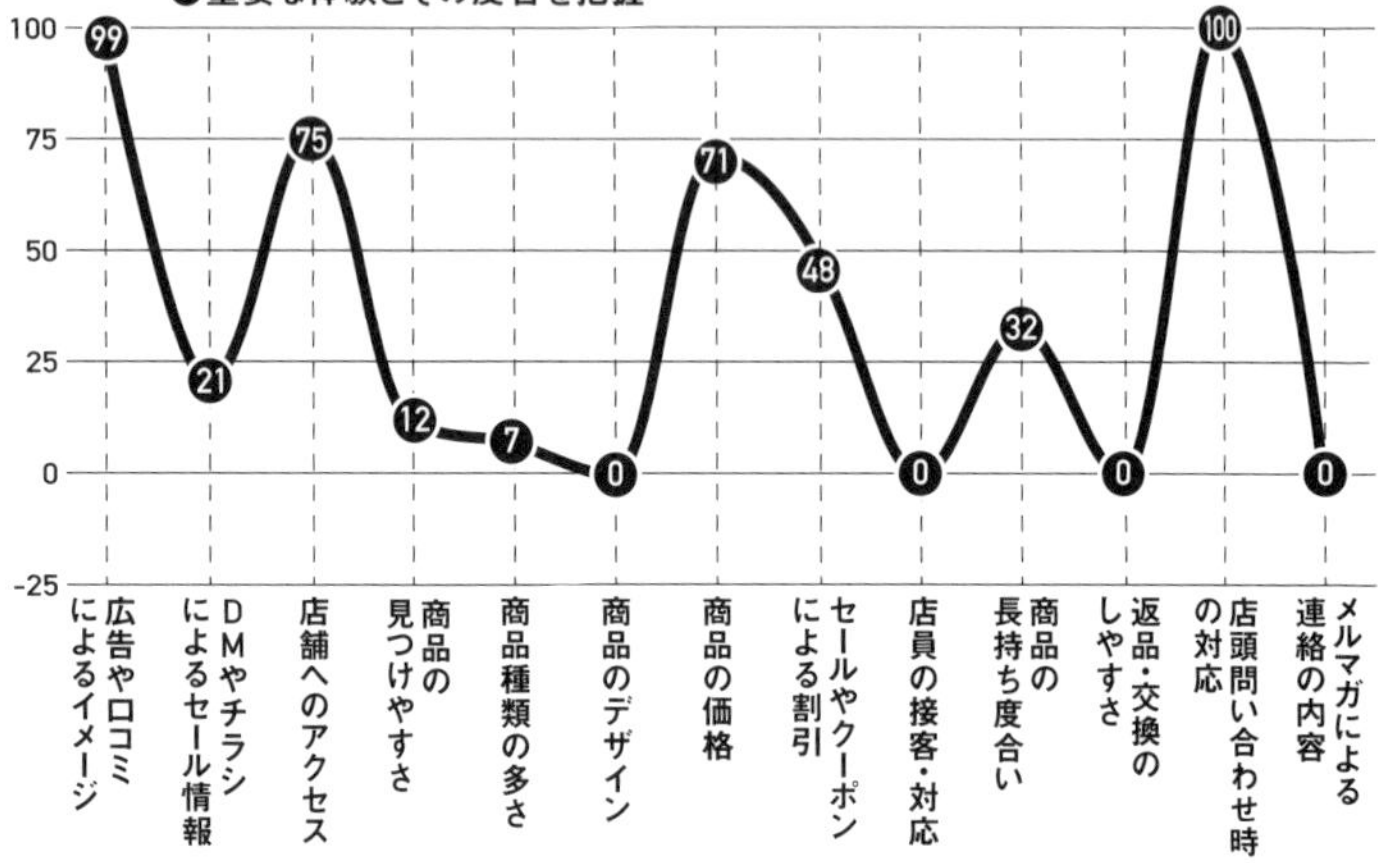

かを尋ねています。ここでは「広告や口コミによるイメージ」や「DMやチラシによるセール情報」、「メルマガによる連絡の内容」など、計13の項目を用意しました。そして、どの項目がより強く推奨度に影響を与えたのかを重回帰分析や情報量基準などの統計手法を用いて分析した結果が、図3－Bです。

　数値が大きいほど、その項目が推奨度に与える影響が大きいことを意味します。この例の場合、「広告や口コミによるイメージ」（影響度99）や「店頭問い合わせ時の対応」（影響度100）が推奨度に大きな影響を及ぼしていることがわかります。言い換えると、店に何か問い合わせたときに

【図3-C】各体験に対する現状の評価

●推奨度に対して、良い影響・悪い影響をマッピング
●現在の状態（不満 or 満足）とその度合を把握

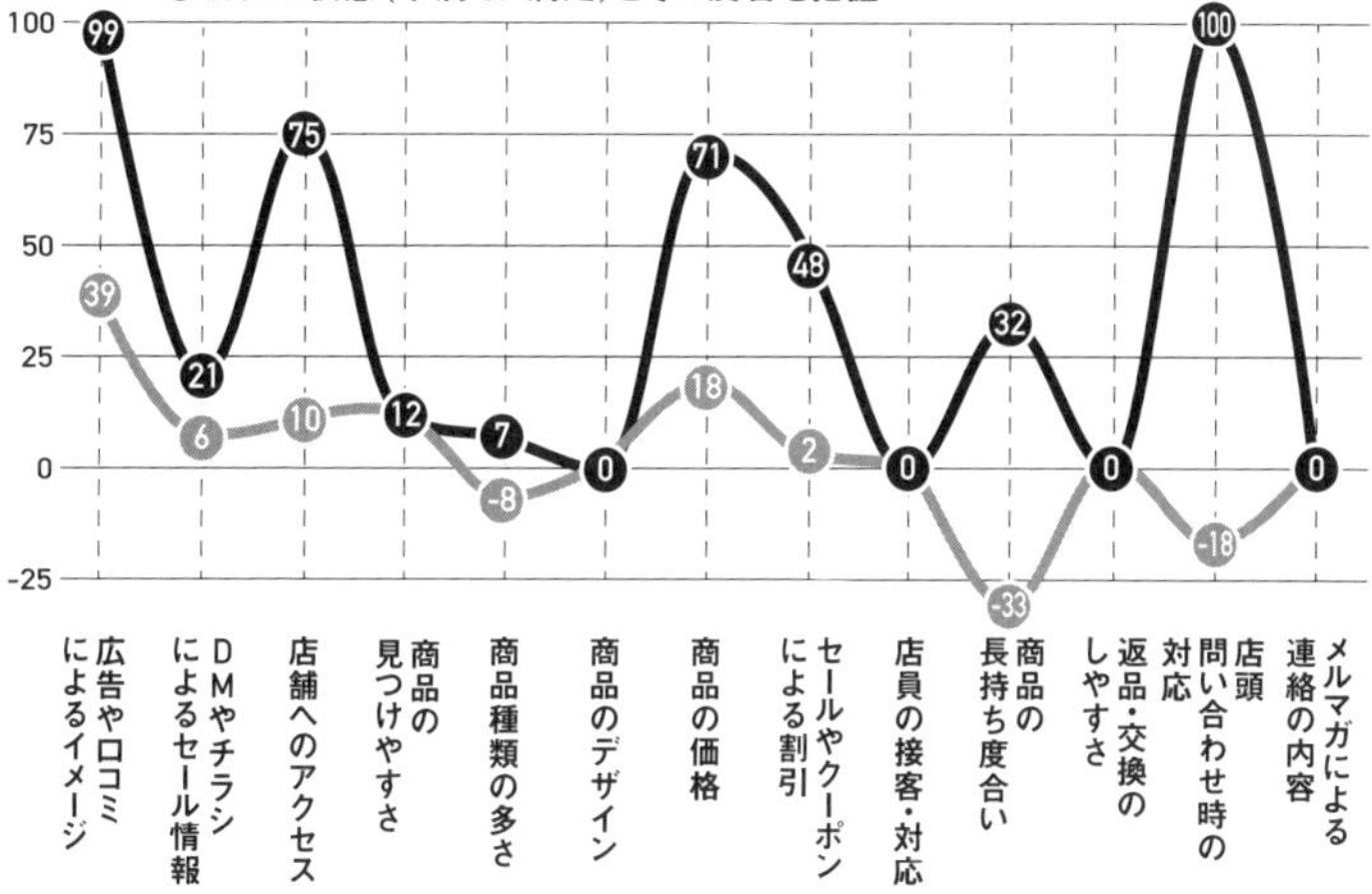

「店頭問い合わせ時の対応」が良いと感じた場合は推奨度が高くなり、逆に悪いと感じてしまった場合は推奨度が低くなる、ということです。

また、第2の質問の回答からは、別の数値も導けます。それは、第2の質問で提示した各項目が、どのように回答者から評価されているかという指標です（図3-C）。

例えば、先ほども記したように、「店頭問い合わせ時の対応」は推奨度に大きな影響を与えており、実際には顧客はそこに比較的大きな不満を抱いています。

一方で、「広告や口コミによるイメージ」も推奨度に大きな影響を与えますが、この現状については比較的満足されていま

す。つまり、この2つの項目のうち、先に手を打つべきは「店頭問い合わせ時の対応」ということです。

また「商品の長持ち度合い」にも注目です。現状で顧客の不満が最も集中しているのは、この項目です。満足度調査をしたなら、最も目立つ項目と言ってもいいでしょう。

しかし、この項目が推奨度全体に与える影響力は、さほど大きくありません。13項目中6番目に留まっています。そうなるとこの項目に手を付けるのは後回しです。優先すべきは、まず推奨度に与える影響が大きい項目の改善です。

NPSを向上させるためには、「重要な顧客体験」の発見が重要

ここで、なぜ「影響を与えている要因はなにか」と質問し、統計学を用いてNPSに対する影響度を算出すべきなのか、について説明します。

これまでの満足度調査では、一般的に各項目の平均点や合計点がよく用いられてきました。「今回の接客の満足度をお選び下さい」「料理についての満足度をお選び下さい」「利用した商品の満足度をお選び下さい」などといった項目は、アンケートなどで回答したことがある方も多いでしょう。

こうして回答された点数は、集計され、それぞれの質問ごとに平均点が算出されるのが通常です。しかし、この満足度の平均点を算出する方法では、次の2つの理由によって、正しく顧客のニーズを把握できない可能性があります。

一つは、項目の性質上、常に平均点が低くなる項目が存在してしまうということです。例えば、「価格について満足していますか？」と質問された場合、価格に競合優位性がそれなりにあるサービスでなければ、顧客が「大変満足」と回答することはあまり多くありません。こうした場合には、他の項目と比較したときに、「価格」の満足度が常に低く見えてしまいます。一方、価格改定などにより不満を解決しようと取り組んでみても、性質上低く出る項目のため、改善の度合いを正確に把握することができず、「改善したのに数値が低いまま」という状態に陥ってしまいます。

もう一つは、「不満を解決すること」と、「NPSを高め、ファンを生み出すこと」は、イコールではないということです。満足度の平均点を算出し、満足度が低い項目を見出す手法は、「不満が大きい」箇所を見つける方法に他なりません。しかし、不満を解決したからといって、その商品を「すすめたいと思うか」となると、話は別です。NPS向上のために見出すべきは不満のポイントではなく、推奨したいと思ってもらうために何を改善するべきなのか、ということです。

では、NPSを高めるための顧客体験はどの様に見つけることができるのでしょうか。それは、推奨度が低い顧客が抱えている不満と、推奨度が高い顧客が感じる価値を両面から捉えることです。つまり、推奨度が低い顧客と高い顧客は「何が違うのか」を解明することができれば、NPSを下げている体験を改善し、NPSを高める体験の価値をより高めていくことができます。

どの顧客体験がNPSを高める、あるいは下げる要因になっているのか。この分析に私たちエモーションテックは、「重回帰分析」や「数量化I類」という手法を用いています。

これらの分析は、複数の要因（各顧客体験）のうち、どの要因が結果（推奨度）を左右しているのかを導く分析方法です。例えば、「推奨者になるほど満足している」、かつ「批判者になるほど不満と感じている」というような顧客体験は、推奨度への影響が大きいと

【図3-D】体験が推奨度に与える「影響度」とは

●実際のデータに当てはめた例。
●あるCXに対する満足度が高い人ほど、おすすめ度が高い場合、そのCXはおすすめ度に対して「影響がある」と言える。　逆に、満足度の高低によって、おすすめ度に変化がない場合、そのCXは「（現時点で）影響がない」と判断される。

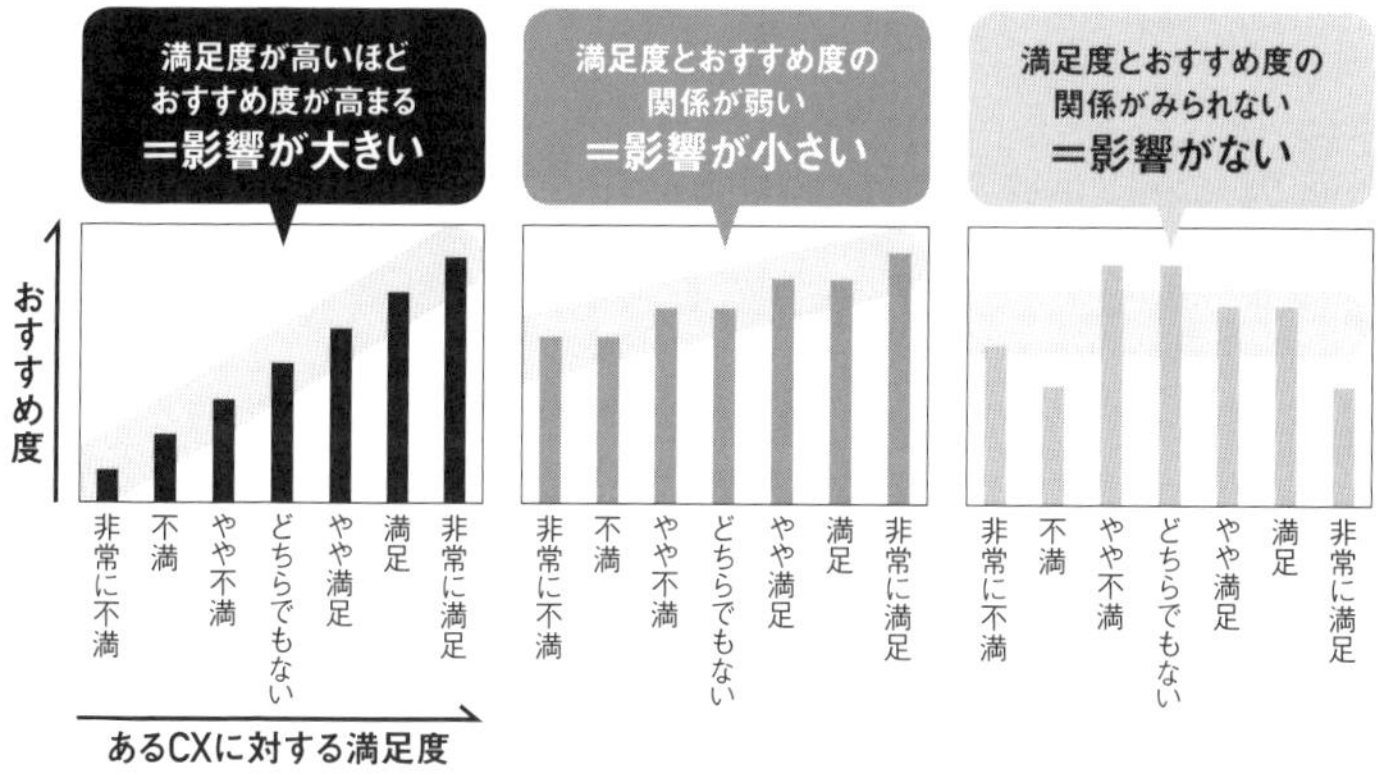

考えられます。こうした関連性は、満足度と推奨度の関連を示すグラフを顧客体験ごとに描けば一目瞭然です。

図３－Ｄの左側にある棒グラフのように満足度が高いほど推奨度（おすすめ度）も高まる場合、その顧客体験は推奨度に大きな影響を与えています。

真ん中のグラフは右肩上がりの傾向にありますが、左側のグラフほど顕著ではありません。この顧客体験の満足度は推奨度と無関係ではありませんが、その影響力は小さいと判断することができます。また、右側のグラフのように、満足度と推奨度に関係性が見られないケースもあります。

こうしてグラフにすると、どの顧客体験

がより強く推奨度に影響を与えているのか、あるいはそうでないかがよく分かります。

もちろん、各顧客体験がどの程度NPSに影響を与えているかも重要ですが、それだけでは顧客にとって「重要な体験」がどれか、ということしか分かりません。その体験が顧客に「良い影響を与えている体験」なのか「悪い影響を与えている体験」なのかによって、改善するべきか、強みを伸ばすべきなのか、手を打つ方向が全く異なってきます。そのため図3－Cにあるように、良い影響か悪い影響かを分析しながら現状のラインを引くことで、顧客がどこで不満や満足を感じているのかがはっきりします。

これは、ある体験で「プラスに影響した（マイナスに影響した）」と回答されると、推奨度がどの程度高まるか（引き下げられるか）を統計学を用いて算出することで、各体験がどの程度NPSにとって良い（または悪い）影響を持つかを明確にできます。

そこで、エモーションテックではこれらの「NPSに与える影響度（顧客にとっての重要度）」と「影響の方向性（現状の顧客評価）」を重ねて表示することで、顧客にとって重要だが評価が低くなってしまっている箇所、つまり「最も改善効果の大きい顧客体験」を明示しています。具体例は後述しますが、エモーションテックはこの分析と表示の方法について、特許を取得しています。

第2の問いのカギはカスタマージャーニーマップ

第2の質問は、どの顧客体験を改善すればNPSが向上するのか、そのヒントにつながるものである必要があります。そのためには、影響を与える顧客体験について質問することが重要ですが、このとき顧客体験の洗い出しに用いるのがカスタマージャーニーという考え方です。これは、顧客が商品やサービスを購入・利用するにあたって経る顧客体験を時系列に沿って整理したものを指します（直訳すると「顧客の旅」という意味です）。そして、カスタマージャーニーに沿って「顧客が各体験でどのように感じたか」をマッピングしたものを、カスタマージャーニーマップと呼びます。

これまでもカスタマージャーニーマップは顧客理解のために多く用いられてきました。しかし、これまでのカスタマージャーニーマップにおいては、企業目線で「ここで顧客は不満を抱えて気分が落ち込むのではないか」「商品を得たタイミングで気分が高揚するのではないか」などと考えられ、作成されてきました。ここで紹介するカスタマージャーニーマップは、NPS調査の結果を基に作成することができるため、企業の目線ではなく顧客の目線によって作成されることに価値があるのです。

先ほどの例のように、店舗についてのNPSを調査するのであれば、例えば次のような項目が考えられます。

■リアル店舗について聞く場合

・広告や口コミによるイメージ
・DMやチラシによるセール情報
・店舗へのアクセス
・商品の見つけやすさ
・商品種類の多さ
・商品のデザイン
・商品の価格
・セールやクーポンによる割引

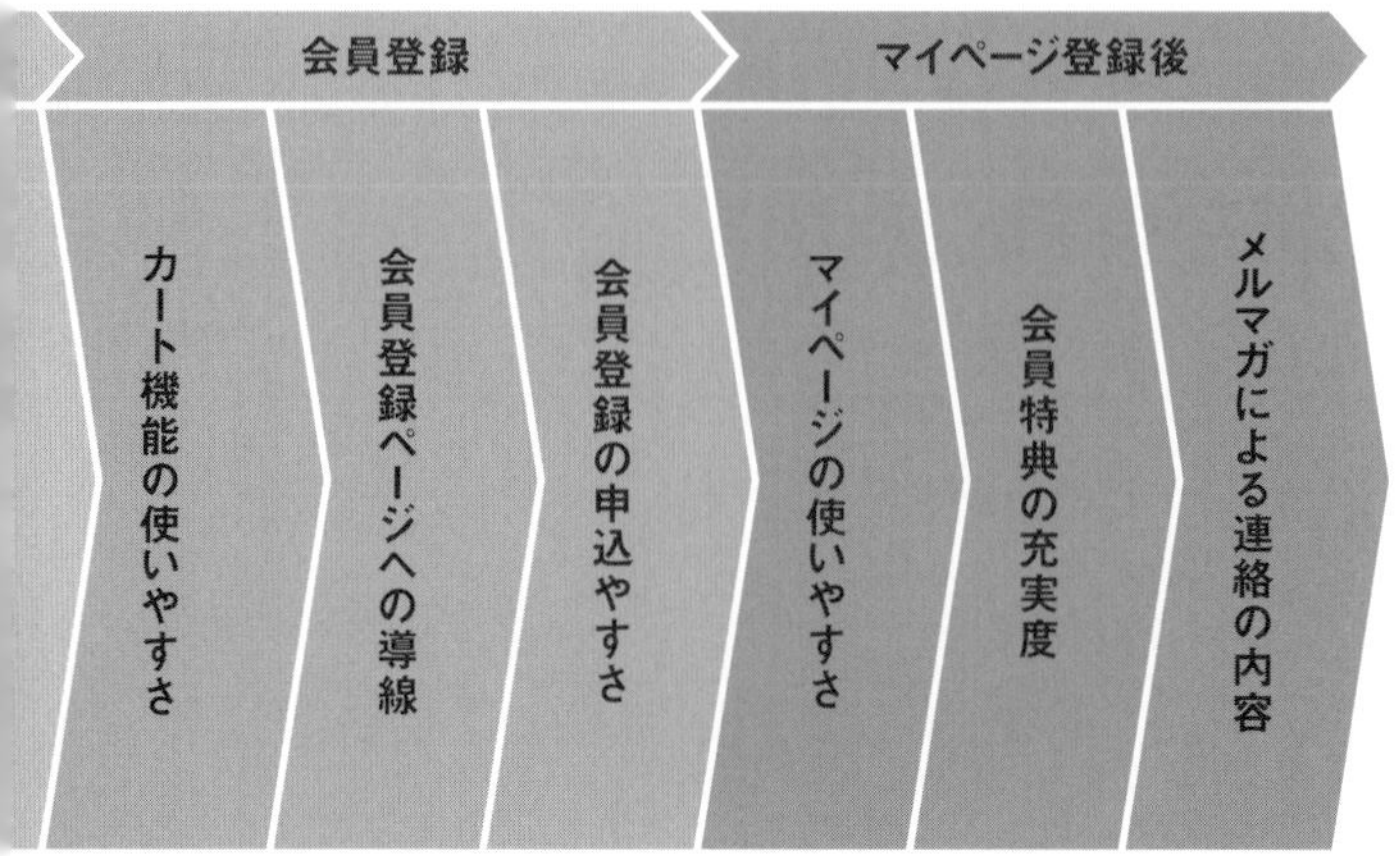

・店員の接客・対応
・商品の長持ち度合い
・返品・交換のしやすさ
・店頭問い合わせ時の対応
・メルマガによる連絡の内容

■ECサイトについて聞く場合

・サイトのデザイン・色使い・画像など
・サイトの見やすさ・操作のしやすさ
・サイトでの商品情報の見つけやすさ
・商品以外の情報の見つけやすさ
・商品の詳細情報の見つけやすさ
・サイトのコンテンツの充実度
・サイトのコンテンツの面白さ
・カート機能の使いやすさ

【図3-E】顧客体験ごとに体験価値を把握する

●提供する顧客体験ごとに体験価値を把握
●あるECサイト事業者の顧客体験の例

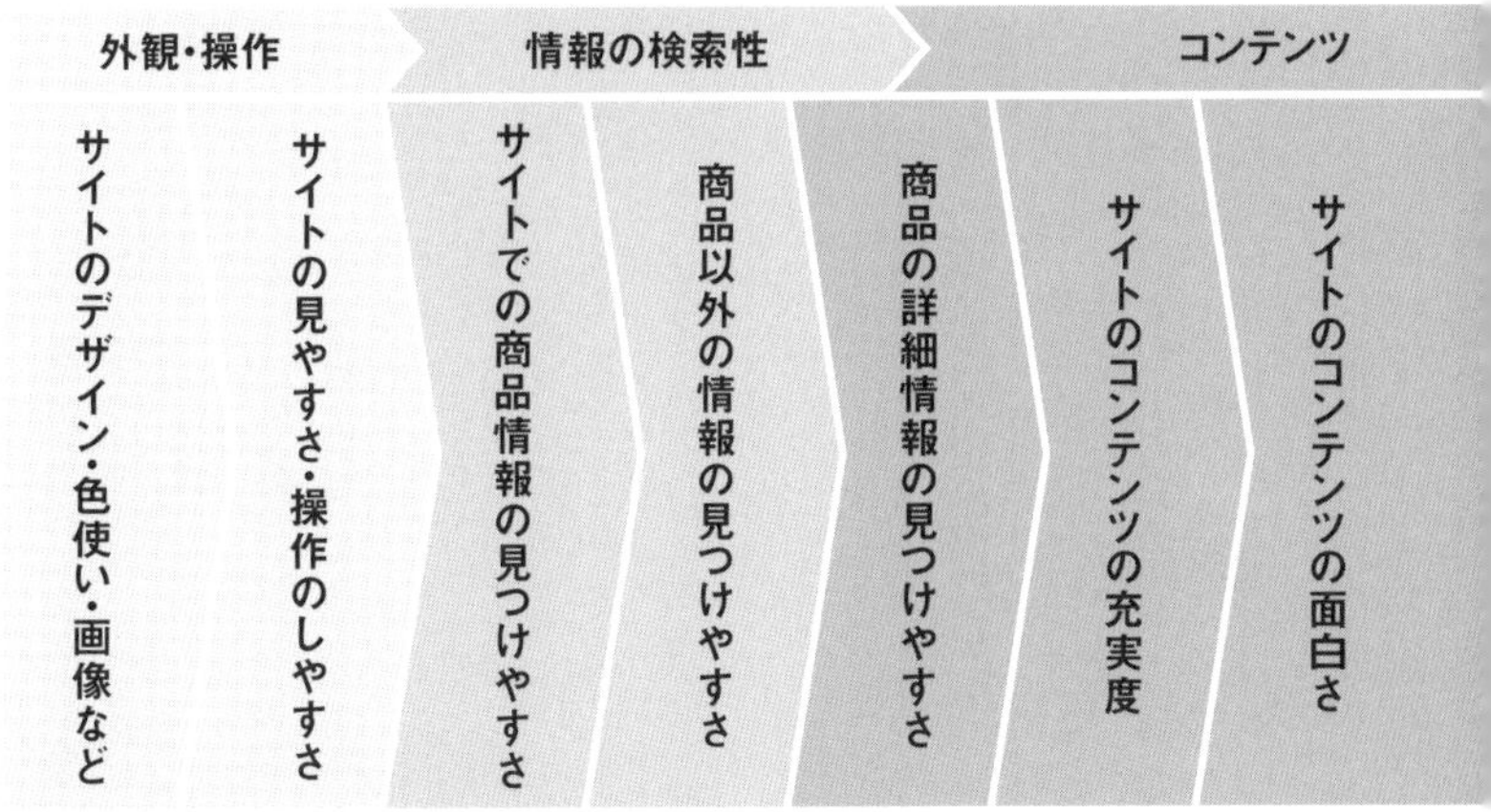

・会員登録ページへの導線
・会員登録の申し込みやすさ
・マイページの使いやすさ
・会員特典の充実度
・メルマガによる連絡の内容

■商談の担当者について聞く場合

・第一印象（身だしなみ・清潔感・表情・声）
・言動から感じられる信頼・期待できる雰囲気
・言動から感じられるリラックスできる雰囲気づくり
・わかりやすい言葉による質問の投げかけ
・こちら（お客様自身）が要望している内容についての理解
・こちら（お客様自身）の要望を踏まえた提案
・複数の選択肢の提案
・メリット・デメリットの説明

・質問に対する的確な応答
・不安に対する的確なアドバイス
・意思を決める際の適切なサポート

もちろん、同じリアル店舗であっても、その特性に合わせて特定の項目を削ることも、他の項目を入れることもあります。ただ、共通して言えるのは、カスタマージャーニー、つまり顧客のサービス利用の流れに沿って顧客体験を整理し、それぞれの顧客体験に対する価値を測定することです。そして、このカスタマージャーニーに沿った顧客体験の洗い出しは、最初から完璧に行うことを目指す必要はありません。これはすべての調査に言えることですが、調査を行い分析した結果を見ることによって、次回の調査内容がブラッシュアップされていくものです。むしろ重要なのは、最初の調査設計ではなく、次回の調査にもつながる分析だと言えるでしょう。まずは影響を与える顧客体験が何であるかの仮設を立て、実際に調査をしてみることが重要です。

NPSを「最も効果的に改善する」顧客体験の見つけ方

カスタマージャーニーに基づいて項目を羅列したアンケートを分析すると、どの項目が推奨度に大きな影響を与えているかがわかります。

例えば、図3－Fの例の場合、影響度が高い順にそれらの項目は「サイトのコンテンツの面白さ」「マイページの使いやすさ」「サイトでの商品情報の見つけやすさ」「会員登録ページへの導線」となっています。では、この順に改善に着手すればよいかというと、そうではありません。先程述べたように、影響度の高さを見える化する分析は、その体験の評価（顧客にとって良い体験か、悪い体験か）については分析していません。あくまでもNPSに影響を与えたか、つまり顧客にとって各体験が「どの程度重要なのか」を分析しているものです。影響度を持っているそれらの体験が、推奨度に対して良い影響（プラスの影響）を与えているか、悪い影響（マイナスの影響）を与えているかを見るべきです。

そうした数字を先ほどのグラフに重ねると図3－Gのようになります。

この「カスタマージャーニーマップ分析」において注目すべきは、2つのグラフの〝ギ

【図3-F】 カスタマージャーニーマップ分析

●購買(推奨度)に対する影響度の大きさをマッピング

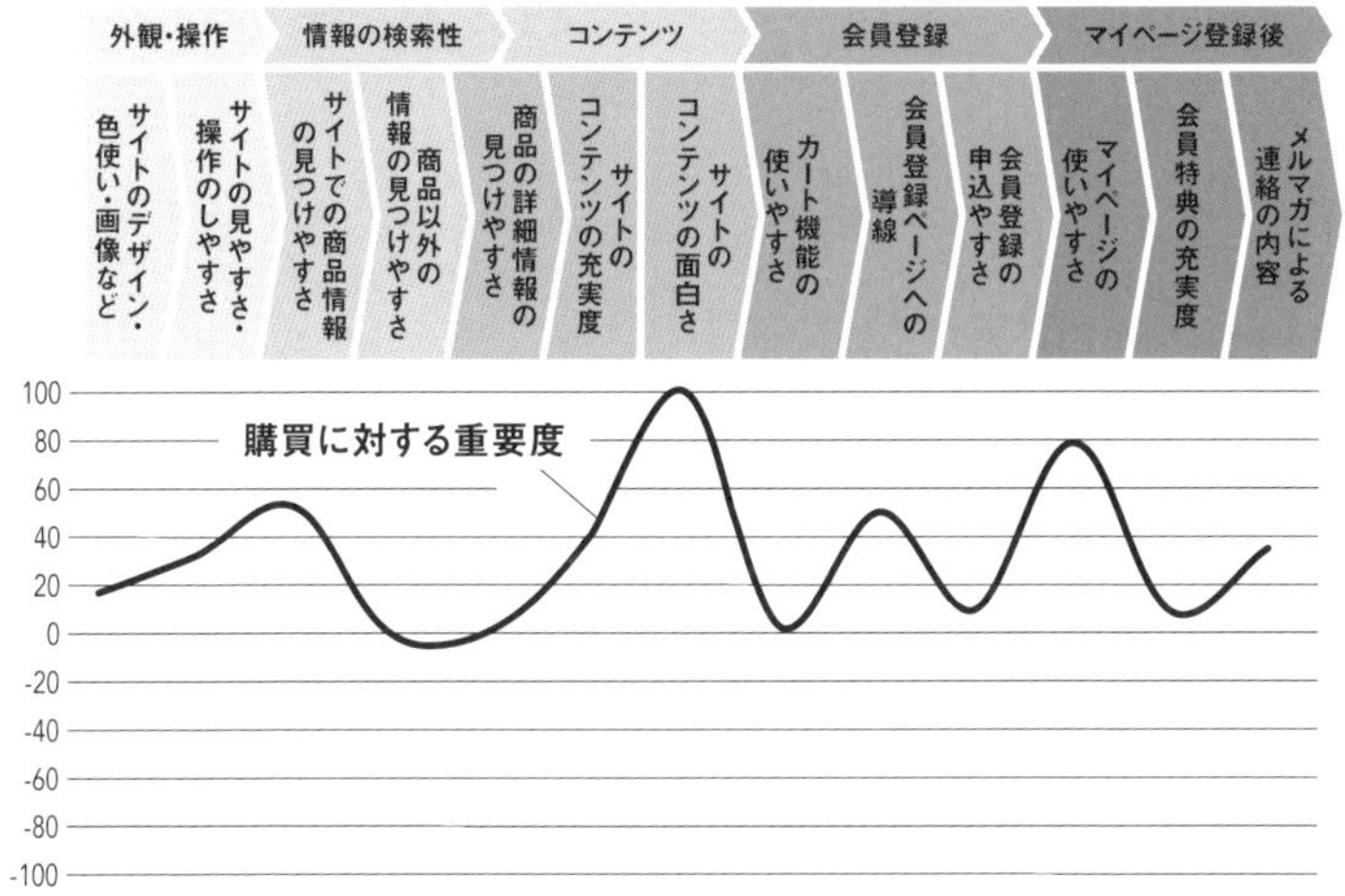

【図3-G】 カスタマージャーニーマップ分析

●「重要な体験」かつ「悪い影響を与えている体験」は緊急度が高い
●何が重要か、現在上げ・下げの方向に影響しているかを重ねることで優先度を決定

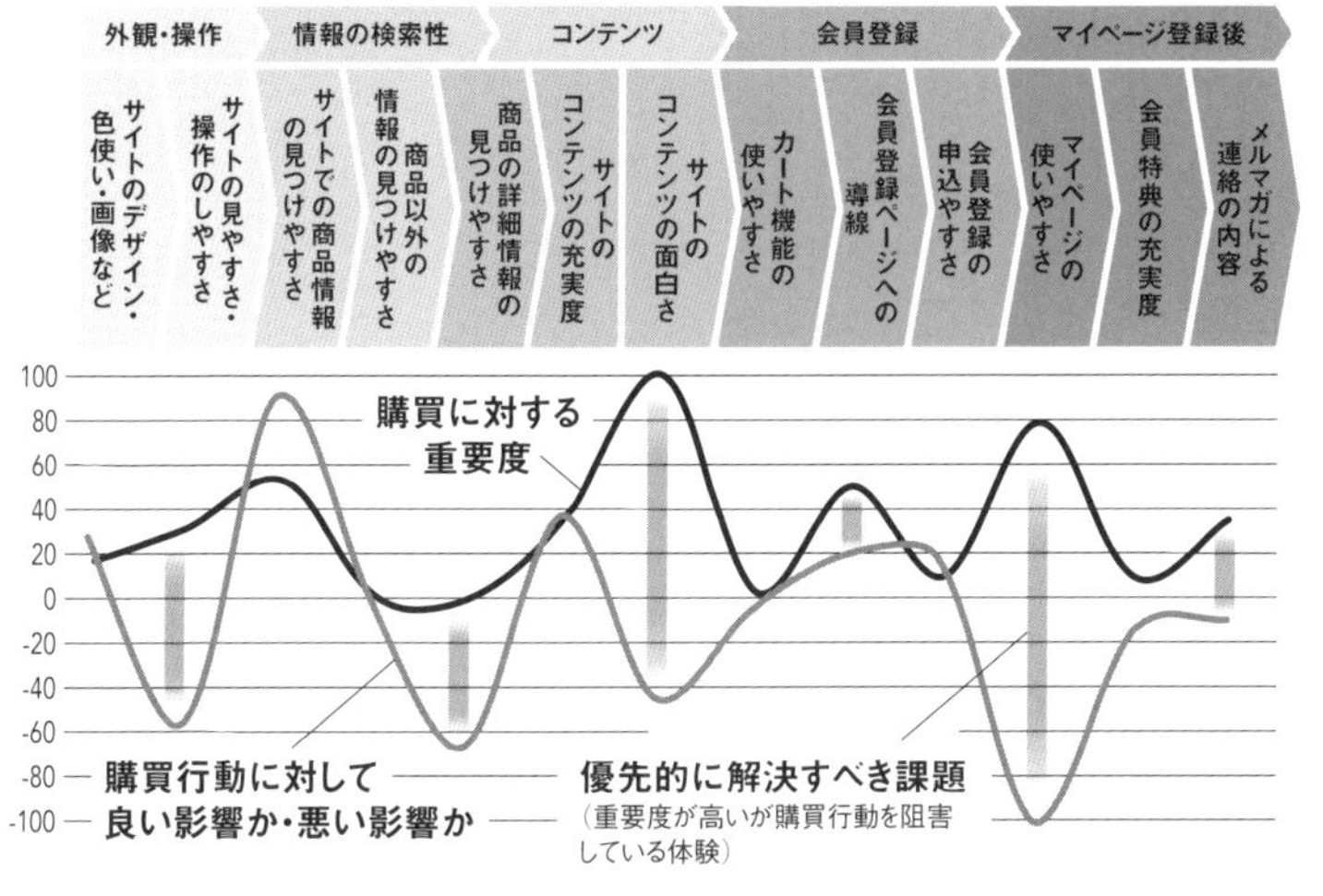

ャップ〟です。

推奨度へ与える影響が大きい、つまり顧客がファンになるかどうかにとって「重要な体験」にも関わらず、現状では「悪い影響（マイナスな影響）を与えている体験」、つまり、影響度の大きさを示す線と、現状を示す線のギャップが大きい項目が「最も改善効果が大きい項目」です。

この例で言えば、「マイページの使いやすさ」や「サイトのコンテンツの面白さ」については、すぐさま改善に着手すべきです。

しかし、「会員登録ページへの導線」はそれほどギャップが大きくなく、「サイトでの商品情報の見つけやすさ」に至っては、すでに良い影響が強く出ています。つまり、これらも改善するに越したことはないですが、他の体験と比べるとそれほど優先順位が高くないということです。

むしろ、推奨度への影響はさほど大きくなかったものの、悪い影響を与えてしまっている「サイトの見やすさ・操作のしやすさ」「商品の詳細情報の見つけやすさ」の改善を優先すべきでしょう。

従来の満足度調査は、満足度が低い点を見つける、つまり不満となっている項目の洗い出しでした。その分析だけをして「この項目が悪いから改善しよう」と考えていたのです。その項目が推奨度に大きな影響を与えるかという分析は、実は行われていませんでした。推奨度の向上に結びつきにくい項目の改善に精を出し、本来優先すべき項目改善に着手できずにいるというようなケースが実際に多かったはずです。

しかし、推奨度への影響の大きさ、そして、現在、それらの項目がプラスまたはマイナスにどの程度影響しているかを比較することで、そうした無駄を防げます。最優先で解決すべき課題が、見えてくるのです。

顧客体験を細分化する

さきほど例に挙げたECサイトでは、最優先で改善すべきは「マイページの使いやすさ」であることが分かりました。では、「マイページの使いやすさ」とは、具体的にどのようなものであり、どこをどのように変化させれば、改善するものでしょうか。

私たちエモーションテックではここで、「マイページの使いやすさ」を構成する要素を、改善できる粒度にまで落とし込みます。

例えば、

・マイページのデザイン
・マイページの内容の分かりやすさ
・必要な情報、機能の充実度合い
・請求額、利用明細の確認のしやすさ
・アカウントの設定、変更のしやすさ
・ポイント残高の確認がしやすさ
・お知らせの表示の見やすさ

といった具合です。

前の質問で、「マイページの使いやすさ」に対して「マイナスに影響した」と回答した人、つまり何かしらの不満を抱えている人に対しては、次の質問で「何がマイナスに影響したか」について質問します。「プラスに影響した」と回答、つまり満足している人にも

「何がプラスに影響したか」と質問し、それぞれ不満の要因や満足の要因を両面から回答を集めます。これが第3の質問です。

このステップがないと短絡的に「マイページが使いにくいのならリニューアルしよう」などとなりがちです。しかし、細かな調査をすることで、今満足してもらえているところがどこかを明確にしつつ、不満のポイントを洗い出せるのです。改善することで、本来持っていた強みを失ってしまい、逆に顧客が離れていってしまうこともあります。そうならないように、不満が大きな顧客体験であっても、そのなかで強みとなっている要因がないかを詳細に分析することも重要です。

とある女性向けアパレルブランドでNPS調査を行ったときには、顧客体験のうち「店員の接客」が推奨度に大きな影響を与えていることが分かりました。その「店員の接客」を要素に分解すると「親身さ」が価値の向上に、また「レジ対応」が価値の引き下げに影響していることが分かりました（**図3-H、図3-I**）。

では「親身さ」とは何か。「レジ対応」とはどういうことか。

これについては、さらに細かく分析したところ「親身さ」とは、店員がコーディネートについての相談に乗ってくれることや、店員自身の服装のコーディネートであることが分かりました。また、「レジ対応」とは、ポイントカード対応にかかる時間の長さとそれによる会計待ち行列の長さ。さらには行列を短くするために店員がレジ作業に回り、フロアで十分な接客ができていないということなどが見えてきました。

そこで「親身さ」をより向上させるためにスタッフブログでコーディネート提案を始め、価値を引き下げていた「レジ対応」をリカバーするために従来のポイントカードに代わるアプリを開発するなどの改善を図りました。こうした施策の結果、NPSは何と10から20へと倍増したのです。

NPSを測定する意義は、こうした改善にあります。ただ単に現時点でのNPSを調査し、同業他社と比較して高いか低いかを知るだけでは不十分です。

何がNPSを押し上げ、何がNPSを引き下げているのか。その要因を知り課題を見つけ、改善してNPSの向上を図るべきです。改善されたかどうかは、再びNPS調査を実施して把握します。

【図3-H】 分析の概要

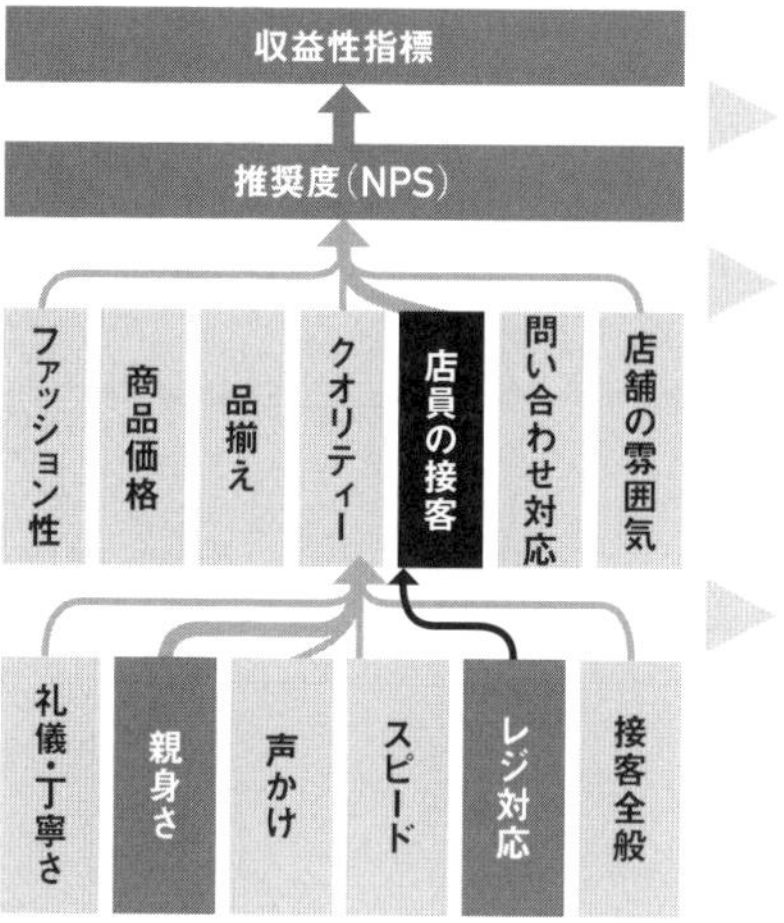

NPSが高い程、顧客単価(1回当たりの購入金額)が向上。ロイヤルティの高い顧客は単価が5,000円を超える

顧客体験のなかでも「店員の接客」が最も影響していることが判明

「店員の接客」による体験を構成する要因のなかでも、「親身さ」が体験価値の押し上げに影響している一方、「レジ対応」が体験価値の引き下げに影響していることが判明

【図3-I】 各体験の詳細

		推奨度にマイナスに影響	推奨度にプラスに影響	影響度の大きさ
商品	デザイン		0.40	6
	流行		0.10	18
	利用者層／用途	-0.10		17
	サイズ展開		0.02	24
	価格		0.40	7
	セール／キャンペーン		0.04	22
	商品種類		0.03	23
	品揃え／在庫		0.14	15
	クオリティ	-0.36		8
	靴／バッグ／小物		0.23	10
	商品全体	-0.23		11
接客	礼儀／丁寧さ		0.49	5
	親身さ／相談のしやすさ		0.88	1
	声かけ／アドバイス		0.16	14
	スピード		0.05	20
	レジ／会計	-0.86		2
	接客全般		0.61	3
店舗	店舗の雰囲気		0.54	4
	試着／試着室	-0.10		16
	内装／ディスプレイ	-0.04		21
	アクセス／立地	-0.17		13

総利用金額を引き上げる要素がはっきり見える

第2章で、NPSは短期の収益改善と相関があることに触れました。実は、収益向上の戦略を立てることを目的に、NPS調査を実施するケースもよくあります。

第1から第3の問いに続けて、例えば「年間の購入金額」を尋ねれば、NPSと総利用金額の相関を計測できます。ECサイトならわざわざ尋ねなくても企業側で購買データを紐付けることができますし、ポイントアプリを導入しているようなリアル店舗であれば、アプリからNPS調査に誘導することも容易でしょう。

先ほどから例に挙げているECサイトで、図3-Jのような相関があったとしましょう（データは60ページの図2-Hと同じものです）。推奨したいとした人ほどより多くの金額を使っており、推奨度が1点上がれば、平均で総利用金額が2万3913円近く上がることが分かります。

そこで、総利用金額を上げるためにNPSを上げます。NPSを上げるためにすべきことは、有効な項目を探し出し、そこを改善することであるのはすでに述べたとおりです。

【図3-J】 **推奨度1点当たりの目的に対する価値**

●まずはじめに、目的(本CASEでは購買向上)と推奨度(Q1)の関係を確認
●推奨度が1ポイント向上すれば総利用金額(LTV)が23,913円増加することが判明

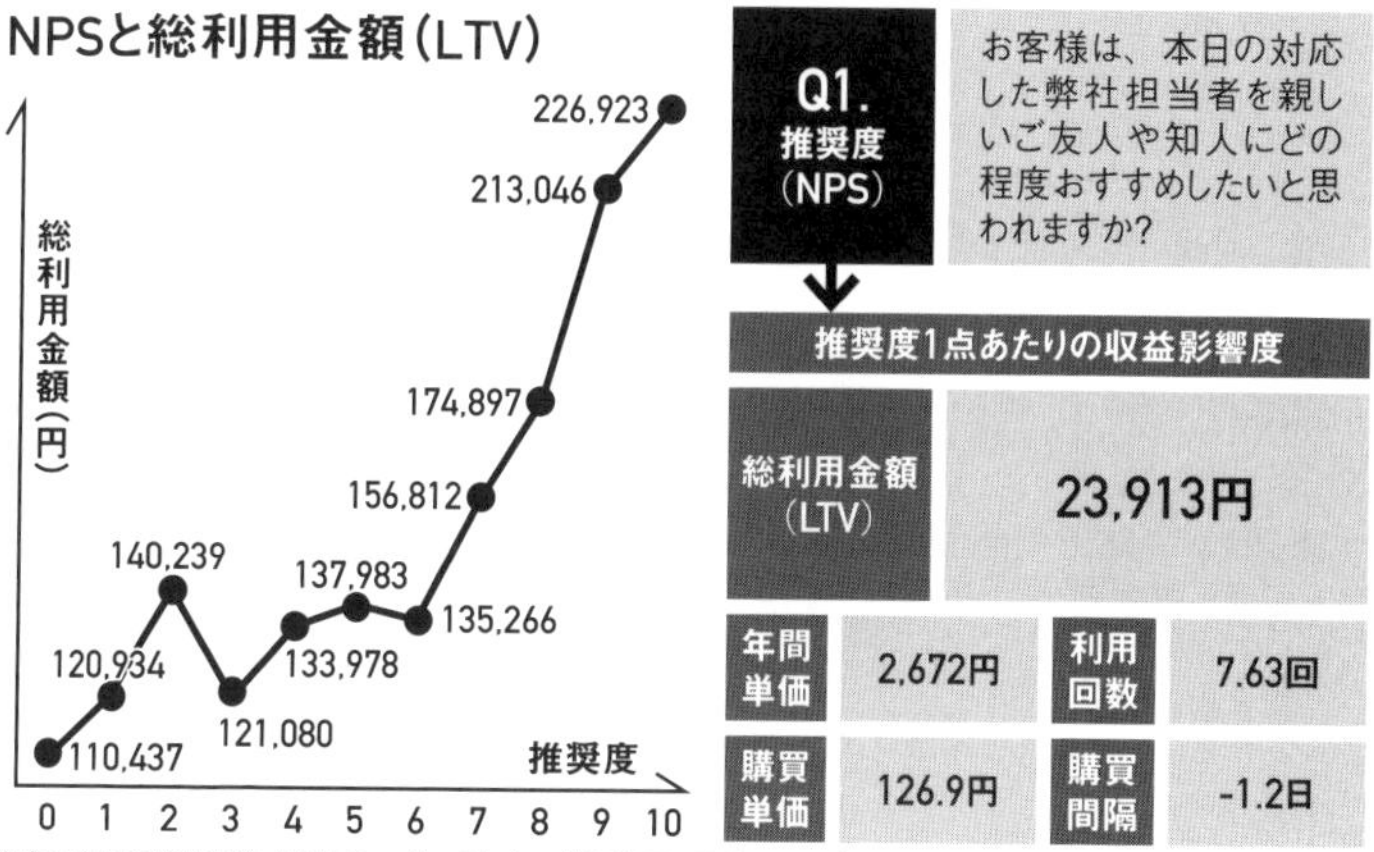

注意：本頁の内容は株式会社Emotion Techの特許範囲に該当します(特許第6176813号)

どの項目を改善したら、総利用金額がどれくらい上がるのか。

その結果が図3－Kです。効率的に総利用金額を上げるのは、「マイページの使いやすさ」の改善であり、それに「サイトコンテンツの面白さ」「サイトでの商品情報の見つけやすさ」が続くということが分かります。

また、「推奨度への影響の大きさ」や「推奨度の押し下げ・引き下げ方向への影響」の項目で目立っていた「サイトの見やすさ・操作のしやすさ」は、改善したところで、総利用金額の向上にはさほど影響を与えないことも注目に値します。

施策を行う際に、それぞれの体験や課題

【図3-K】 推奨度が何にどのような影響を受けているか

●ロイヤルカスタマーを生み出すために、「影響している要因」に着目する
●影響度合いを算出することで、施策による収益貢献度を算出できる

	推奨度への影響の大きさ	推奨度の押し上げ・引き下げ方向への影響					Gap	項目の平均点		各項目改善時のLTV向上率	
	Index	💔	❤	💔 > ❤	💔 < ❤	Index	Gap	💔	❤	💔	❤
サイトのデザイン、色使い、画像など	16	0.000	0.064		0.064	28	12	-0.34	0.42	0.00%	0.60%
サイトの見やすさ、操作のしやすさ	32	-0.125	0.000	-0.125		-55	-87	-0.35	0.31	0.98%	0.00%
サイトでの商品情報の見つけやすさ	53	0.000	0.206		0.206	91	39	-0.38	0.38	0.00%	1.74%
商品以外の情報の見つけやすさ	0	0.000	0.000	0.000	0.000	0	0	-0.18	0.30	0.00%	0.00%
商品の詳細情報の見つけやすさ	43	-0.159	0.010	-0.149		-66	-109	-0.33	0.15	1.07%	0.03%
サイトのコンテンツの充実度	37	-0.030	0.115		0.085	38	1	-0.32	0.37	0.21%	0.95%
サイトのコンテンツの面白さ	100	-0.246	0.146	-0.100		-44	-144	-0.35	0.22	1.92%	0.72%
カート機能の使いやすさ	3	-0.010	0.000	-0.010		-4	-7	-0.31	0.21	0.07%	0.00%
会員登録ページへの誘導	50	-0.076	0.121		0.046	20	-30	-0.46	0.29	0.78%	0.78%
会員登録の申し込みやすさ	9	0.00	0.037		0.037	16	7	-0.33	0.23	0.00%	0.19%
マイページの使いやすさ	79	-0.268	0.042	-0.226		-100	-179	-0.47	0.21	2.81%	0.20%
会員特典の充実度	9	-0.034	0.000	-0.034		-15	-24	-0.32	0.21	0.24%	0.00%
メルマガによる連絡の内容	35	-0.079	0.058	-0.021		-9	-44	-0.31	0.26	0.55%	0.34%

注意：本頁の内容は株式会社Emotion Techの特許範囲に該当します（特許第6176813号）

が目的とする指標（今回の例では総利用金額）にどの程度影響を与えるのかを算出しておくことで、投下すべきコストの大きさなども検討できるようになります。

意識していなかった長所・短所がNPS調査で見えてくる

ＮＰＳを調査し、その数字にはどのような顧客体験が強く影響しているかを知ることは、自社の強み、そして弱みを知ることでもあります。

先ほど例として紹介した女性向けアパレルブランドは、自分たちのブランドの良さは豊富な品ぞろえなどにあると元々考えていました。ところが、ＮＰＳ調査をしたことで、顧客は「店員の接客・対応」を高く評価しており、その中でも特に「親身さ」が大きなファクターであることに気付き、その強みをさらに磨く戦略をとってＮＰＳを高めることに成功しました。

とある大手スポーツクラブでは、ＮＰＳ調査の結果、「運動用施設／設備の充実度」が

ＮＰＳに強い影響を与えていることを発見。まずはすぐにできる範囲での改善ということでトレーニングルームの鏡をよりきれいに磨くようにしたところ、それだけでＮＰＳが上がりました。

反対に、意外なところで顧客が不満を持ち、それがＮＰＳを引き下げる要因になっていたという例もあります。ある企業のコールセンターでは定期的にＮＰＳ調査（第１問のみ）を行っており、常に良い結果が出ていました。しかし、第２問以降も含めたＮＰＳ調査を行ったところ、実際にはまだまだ改善できる顧客体験が数多く見つかったのです。

他にも、リピーターが増えない理由は実は現場対応のせいではなく、本社が直接関連する顧客体験だったとか、ある店舗で有効な取り組みでも、店舗によってはその効果が逆転してしまう可能性が高いといったデータが得られることもあります、

これらの気付きは、顧客に対して〝究極の質問〟を投げかけているだけでは、得られないものでした。せっかくＮＰＳ調査をするのであれば、こうした実のある成果も得られるようにすべきではないでしょうか。

また、「やっぱりここが原因だったか」と、調査結果が事前の予想通りであることもあります。しかし、この場合でもＮＰＳ調査には意味があります。〝なんとなく〟こうなの

ではないかという根拠なき予想を、調査結果という数字で裏付けることができるからです。心の満足、頭の満足になぞらえれば、心でも頭でも、現状の課題に納得できるというわけです。数字を目の当たりにすれば、誰もが同じように頭で納得できます。こうした共通認識は、一枚岩での施策立案と実行には欠かせません。

CXを改善するために必要なもの①調査計画の設計

さて、ここからは具体的なNPS調査の進め方について解説します。

NPS調査は手軽に行うことができ、第2の質問以降の質問項目を追加しようとすればいくらでも追加できます。しかし、聞きたいことを何でも聞こうとすると質問数が膨大になり、回答者に負担をかけてしまいます。さらに、調査に飽きた回答者がいい加減に回答し、回答の精度が下がる可能性もあります。

こうしたことがないように定期的にNPS調査を行い、効果的に収益の改善に結びつけるには、質問を適切なものに絞り込み、調査結果から改善すべきポイントが明確に把握できるように、調査計画を設計する必要があります。

私たちは、ＮＰＳ調査の結果を受けて行動を改善するというＰＤＣＡサイクルを回す前に、①顧客ロイヤルティの現状を把握し、②どのような改善可能な顧客体験が推奨度を大きく左右するかを把握することをおすすめしています。

これらの把握も、ＮＰＳ調査で行えます。

顧客ロイヤルティの現状を把握するには、究極の質問とカスタマージャーニーのすべての項目について第２の質問を行います。つまり、カスタマージャーニーのうちの顧客体験が、推奨度に大きく関連しているかを調査するということです。初回調査では、これ以上詳細な質問はしないこともあります。質問項目があまりに多くなってしまうからです。

ただ、年間利用額や月額利用料など、収益に直結する数字は調査しておきます。こうすることで、推奨度と年間利用料や月額利用料などの関係が分かるからです。初回から、推奨度はやはり収益性と相関があると確認できれば、次回以降の調査にも身が入ります。この初回調査を私たちは、フェイズ１（ロイヤルティ解析のための調査）と呼んでいます。

フェイズ１で、どのような顧客体験が推奨度を大きく左右するかが分かっているので、

【図3-L】ロイヤルティマネジメントのPDCA構築までのステップ

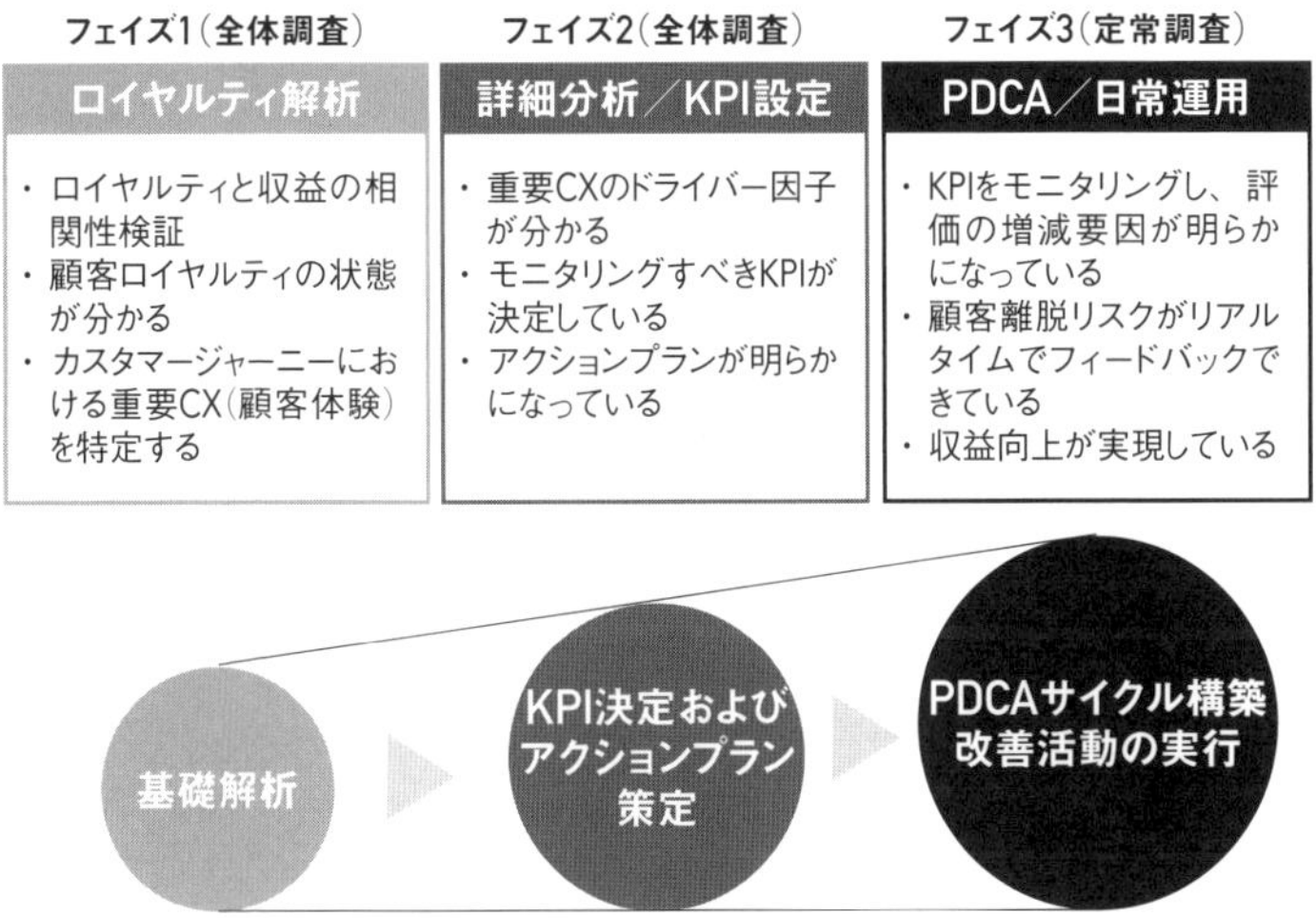
フェイズ1（全体調査）
ロイヤルティ解析
・ロイヤルティと収益の相関性検証
・顧客ロイヤルティの状態が分かる
・カスタマージャーニーにおける重要CX（顧客体験）を特定する
フェイズ2（全体調査）
詳細分析／KPI設定
・重要CXのドライバー因子が分かる
・モニタリングすべきKPIが決定している
・アクションプランが明らかになっている
フェイズ3（定常調査）
PDCA／日常運用
・KPIをモニタリングし、評価の増減要因が明らかになっている
・顧客離脱リスクがリアルタイムでフィードバックできている
・収益向上が実現している
基礎解析
KPI決定および
アクションプラン
策定
PDCAサイクル構築
改善活動の実行

そうした重要な顧客体験に絞り込んだうえで、何が決定的な因子になっているかをフェイズ2では調査します。この章の「顧客体験を細分化する」（93ページ）で書いたように、「マイページの使いやすさ」が重要な顧客体験であることがフェイズ1の調査で分かっていたならば、フェイズ2の調査では、顧客は「マイページのデザインが見づらい」「マイページの内容が分かりにくい」「必要な情報、機能がそろっていない」「請求額、利用明細の確認がしづらい」「アカウントの設定、変更がしづらい」「ポイント残高の確認がしづらい」「お知らせの表示位置が最適でない」などの項目のどれを重視し、何によって「マイペー

ジは使いやすい／使いにくい」と感じているのかを尋ねるのです。

すると、重視すべきは例えば「マイページの使いやすさ」のうちの「ポイント残高の確認がしづらい」「お知らせの表示位置が最適でない」であることなどが分かります。

他にもフリーコメントを解析することで「『ポイント残高の確認がしづらい』とは、実際には『ポイントを何に使えるかが明確でない』を意味している」、「『お知らせの表示位置が適切でない』とは、『重要なお知らせとそうでもないものを分けて欲しい』という意味だ」といったことが分かってきます。

それらが分かれば改善のポイントが明確になりますし、改善後にポイント利用者やお知らせの閲覧率がどの程度増えたかなどのＫＰＩをモニタリングすることで、施した改善が適切なものであったかそうでなかったかが見えてきます。

このように、フェイズ1、フェイズ2の調査で、どの体験が何が大きく推奨度に影響を与えているのかを絞り込み、その体験のどこに問題点があるのかを把握してから、具体的な改善とその効果の測定を行います。

フェイズ1、フェイズ2の段階を飛び越して調査をすることももちろん可能ですが、その場合は、冒頭でも記したように回答者に大きな負担がかかる可能性もありますので、そ

【図3-M】ロイヤルティと収益の関係性分析の構造

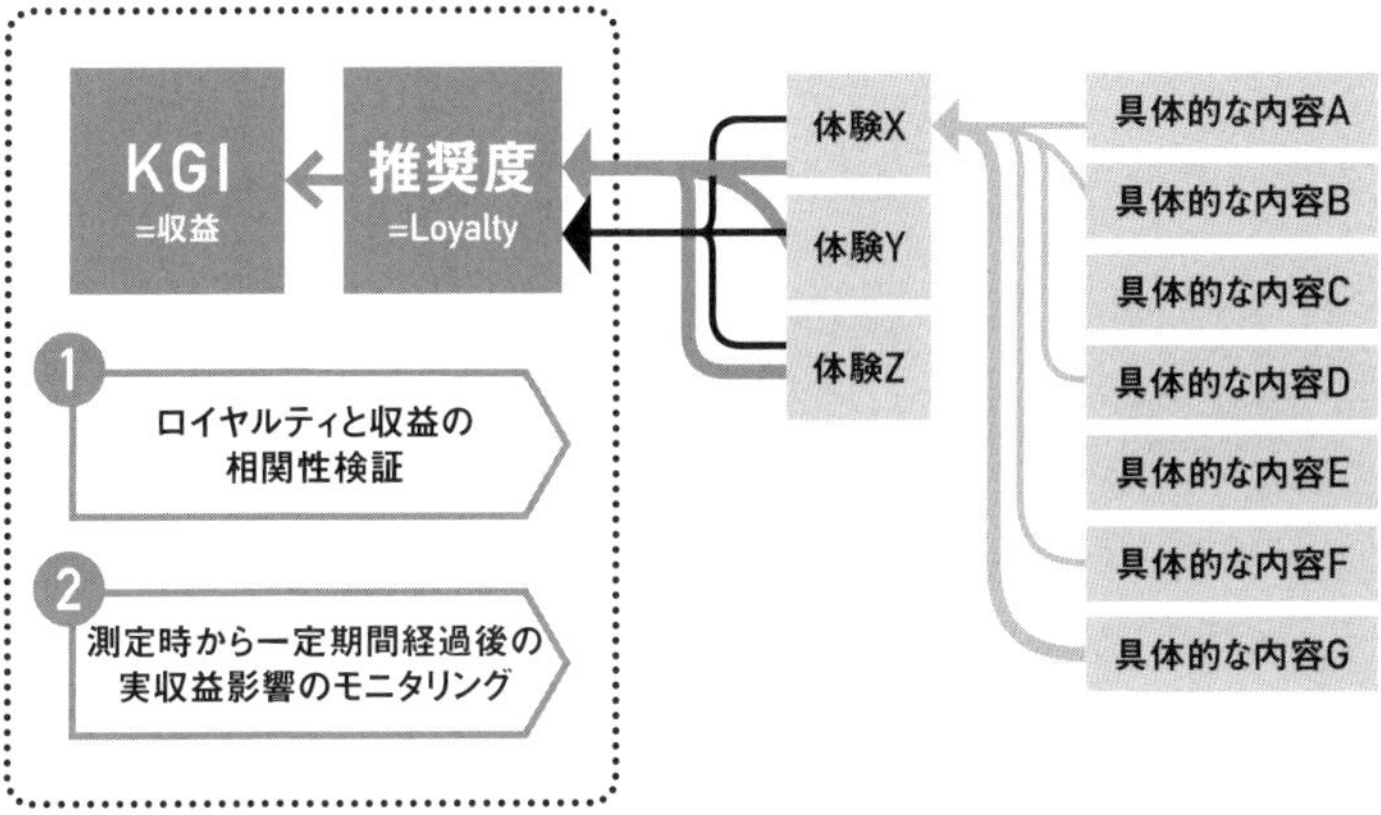

様々な事業KPIとの関係性を究明し、先行指標としてのNPSの有用性を検証

の点には注意が必要です。また、1度の調査ですべての課題を発見することを目的とするのではなく、調査・分析のサイクルを複数回経ることによって、課題を明確にしていくという心がけが必要でしょう。

フェイズ2が終われば、モニタリングを行う「フェイズ3」に入ります。

この頃には、フェイズ1、2によって、重要な顧客体験やその体験の細かな要因が把握できている状態になっています。そこで、その重要な体験を向上させていくために、日々モニタリングする指標を決めます。

例えば、「ポイント残高の確認のしやすさ」について、「ポイントの使いみちが明確でない」ことが原因であると判明したのであれば、ポイント残高に応じてどのような景品がもらえるかなどを同一ページ内に表示させる方法などがあるでしょう。こうした改善を実施した際に、顧客からの評価がどの様に変化していくのかについて、日々顧客の声に耳を傾ける必要があります。

もし、改善を実行したにもかかわらず、「ポイント残高の確認のしやすさ」の評価に変化がなければ、改善施策が課題解決につながっていないとも考えられます。CXMの本質は顧客の声をただ聞くだけではなく、顧客体験向上のための改善策を実施し続けることにあります。そのため、改善が的を得た施策になっているかどうかの効果検証は、必須の取り組みであると言えるでしょう。

CXを改善するために必要なもの ②十分な回答者

効率よくNPS調査をするにはいくつかの条件が必要ですが、その一つが、十分な数の回答者です。回答者が極端に少なくては正しい結果を得られません。十分な回答数がどのくらいかはもちろん回答率にも大きく左右されますが、統計学上400人以上からの回答があれば信頼性の高い数字が得られます。

回答者の募集は、メールマガジンやレシートに印刷したQRコード、店頭に置くリーフレットなどさまざまな方法があります。さらに、回答状況によっては、回答者にはポイントを付与したり割引をしたりと、謝礼に代えて利益還元（インセンティブ）を行ってもいいでしょう。

図3－Nのように実際の回答には、スマートフォンやパソコンを利用します。データ集計の手間を極限まで省くため、できるだけ紙は使いません。ユーザーインターフェースやデザインを熟考し、回答者にはできるだけ負担をかけず、最後まで質問に答えてもらえるような設計にします。

総利用金額など、推奨度との相関を見たいデータがあれば、そうした質問も付け加えるといいでしょう。ただし、質問項目が多すぎると回答率は下がります。例えば、会員情報と回答データを紐付けるなど、個人情報の入力を省いて気軽に質問に答えてもらうような工夫が必要です。

【図3-N】スマートフォンでの回答画面イメージ

CXを改善するために必要なもの ③回答の分析と管理

この章の最初で説明したように、NPS調査で尋ねることは非常にシンプルですが、得られた回答から「何を最優先で改善すべきか」を導き出すことは、簡単ではありません。

そこで、私たちエモーションテックでは、推奨度へ大きな影響を与える顧客体験が何であるかを一目でわかるように表示できるクラウドシステム「EmotionTech」を開発し、提供しています。図3－B（78ページ）で示したようなカスタマージャーニーマップは、このシステムでも簡単に表示できます。

クラウドシステムEmotionTechでできるのは、調査結果の可視化だけではありません。調査票の作成、実際の調査、回答データの集計と分析、カスタマージャーニーマップの作成など、NPS調査に必要な機能はすべて備えています。操作に統計の知識は不要です。

このシステムを使うことで、必要なときにすぐに調査票を作成して、実際の調査を実行できます。もちろん、作成に不安がある場合には必要に応じて、エモーションテックの担当者が調査設計や改善のお手伝いをします。高い評価をした回答者にだけキャンペーンの

【図3-0】回答データを分析する管理画面

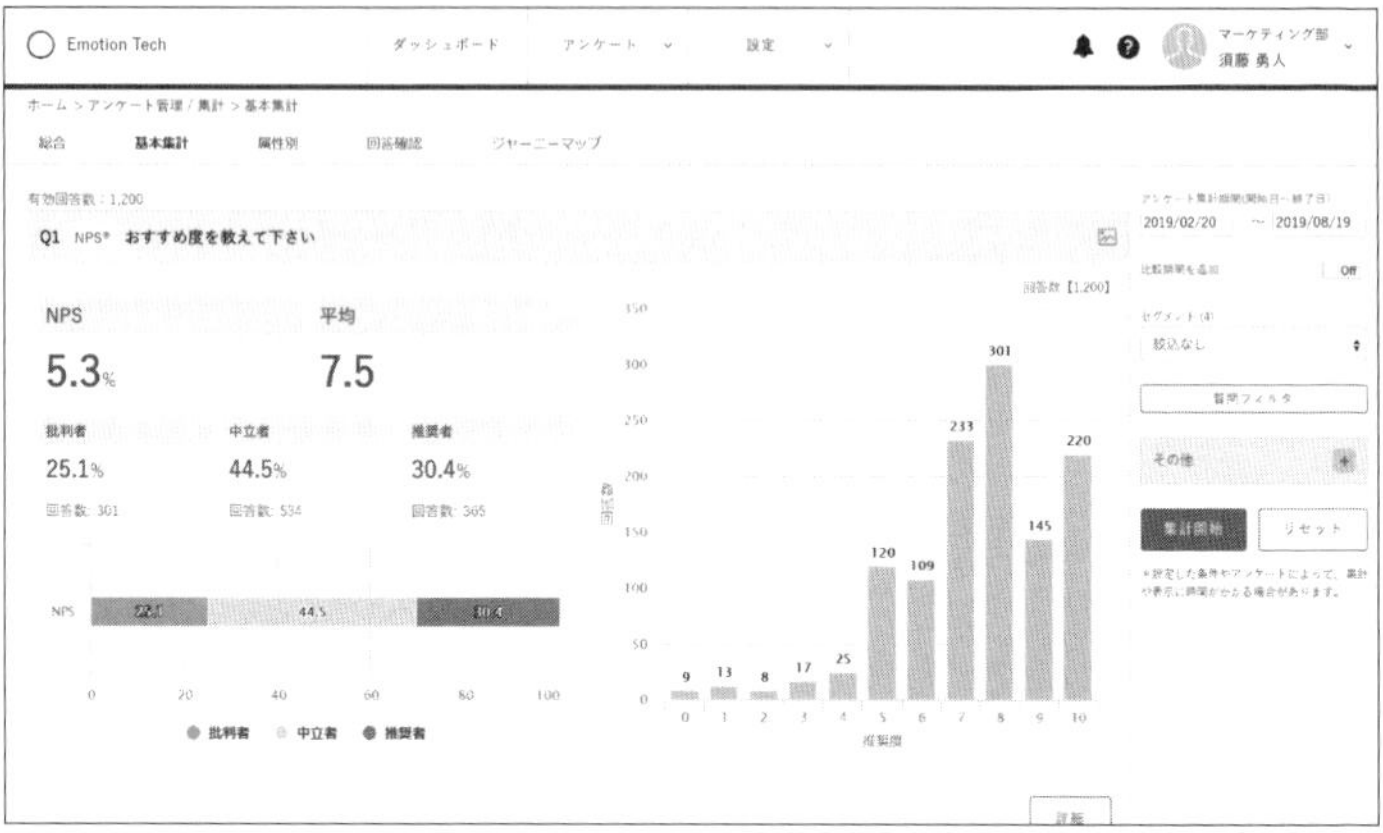

告知をする回答終了画面を出したり、低い評価をした回答者にだけコールセンターの電話番号を表示して、問題解決をうながしたりといったカスタマイズも可能です。

調査結果は「ダッシュボード画面」で閲覧できます。テキストマイニング機能も持っているため、自由記入欄でよく使われている言葉を自動集計でき、推奨者や批判者がよく使うキーワードも、人手をかけて調べなくてもすぐに分かるようになります。

ダッシュボードはいつでもパソコン上で確認できるため、移動の多いエリアマネージャーや忙しい店長でも空いた時間に数字を気軽に確認できるのがメリットです。アラート機能などを活用すればポジティブなコメントがついた場合はスタッフ全員でその情報を共有してモチベーションの向上につなげたり、ネガティブなコメントがつき、それが謝罪すべき事案であれば即座に対応することも可能になるのです。

CXを改善するために必要なもの④中長期的な視点

NPSを用いたCXMの向上は、企業の短期的な収益向上に貢献しますが、どのような状況であっても即効性のあるものとは言い切れません。例えば、顧客体験のどの部分がより強く推奨度に影響を与えているのかが把握しにくいケースや、把握できたとしてもその改善に多額の投資が必要になる場合などもあるからです。

しかし、だからといってNPSを諦める必要はありません。私たちエモーションテックは国内400社以上の企業にシステムを導入していただいていますが、施策によってNPSが向上したのに収益が向上しないというケースはほとんどないからです。

裏を返せば、適切な調査を行い、改善すべき顧客体験が何であるかを突き止められ、そことを変えることができれば、収益は必ず向上するということです。NPS調査を重ねながらより良い調査票づくりや現場へのフィードバック方法を見出し、良い循環を生み出すには、実感として、1年ほどの時間は必要です。

NPSは、使い方次第で業績を向上させられるものです。リーダーがそこを十分に理解し、社内への浸透を図っている組織では、NPSの活用が進み、問題改善もスムーズに進んでいます。

第 4 章

実践企業に学ぶ
カスタマー・エクスペリエンス
向上事例

NTTドコモ
バイク王&カンパニー
トヨタ自動車
リクルートキャリア

NTTドコモ

100以上もあるドコモサービスの顧客体験を向上させ、スマートライフ事業の成長を促す

課題

・各サービスにおいて、NPSに対する意識や取組状況にばらつきがある
・本部主体の分析だけでは、各サービスの要望に合わせた分析が実施できない

顧客体験の向上によりアクティブユーザーを増やす

NTTドコモは、通信事業会社である一方、通信以外の分野も数多く手掛けています。その通信事業以外の中核を担うのが、同社の「スマートライフ事業」です。具体的には、「dポイント」や「d払い」などを含む決済プラットフォームをはじめ、dポイントで買い物できる「dショッピング」などを展開するデジタルコマース領域、動画配信サービス

「dTV」や雑誌読み放題サービス「dマガジン」などを展開するデジタルコンテンツ・メディア領域に至るまで、100以上ものサービスを幅広く展開しています。

同社はすでに7000万人を超えるdポイントクラブ会員数を有しています。さらなる新規会員の獲得もさることながら、既存会員にどれだけドコモサービスを利用してもらえるか、つまりアクティブユーザーをどれだけ増やしていけるか、ということがスマートライフ事業成長上、大きな鍵を握っています。これまでも同社では、アクティブユーザーを増やしていくために、各サービスが主体的に様々な方法で顧客の声を集め、独自に顧客体験の向上をおこなってきました。しかしその一方で、サービスごとに顧客体験に対する意識の違いや取組状況にばらつきが発生し、スマートライフ事業全体としての底上げが必要であるという課題感を持っていました。また各サービスがそれぞれ顧客の声を分析しようとすると、チーム内で分析を行うための工数や時間を確保しなければならず、本来の主業務であるサービス開発を阻害することになりかねません。

そうした状況を受け、同社のサービス開発を取りまとめるドコモスマートライフ推進部は、スマートライフ事業全体の顧客体験を高め、各サービス担当がよりサービスクオリティの向上に集中する環境を整えるために、2017年からスマートライフビジネス本部横断でNPS調査に着手を開始し、私たちエモーションテックも2017年からサポートを始めています。

調査の本格化に当たっては、満足度調査など他の手法も検討したそうです。しかし結果的に、満足度では「不満がないサービス」を開発することはできても、魅力的な他社サービスとの競争においては、継続してもらうサービスにはならないのではと考えました。また好感度の測定はサービスよりもブランドへの評価になりがちであるため、サービス改善に活用する指標としてはそぐわないという結論に至りました。そのため、認知→満足→好意→推奨というファネル（意識遷移）の最上段である、推奨度を測定するのがふさわしいと考え、NPSが選ばれました。

同推進部が各サービス横断で調査を実施する中、いくつかの課題が浮かび上がってきました。その一つはサービス担当への調査結果のフィードバックでした。各サービスへは本部が分析したレポートと、分析される前のデータ（ローデータ）を渡していたのですが、サービス担当者がより詳細な分析をしようとした場合、結局ローデータを分析し直す必要がありました。また、コメントの分析が中心であったため、NPSを改善するための課題は導けても、「何から改善すべきか」という優先順位が明確にならないことも課題となっ

(左上写真) スマートライフ推進部 田代貴之氏、中畑亘氏(右上写真)ライフサポートビジネス推進部 伊藤慎介氏、小林千夏氏(左写真)コンシューマービジネス推進部 秋元真太郎氏、佐々木啓悦氏

ていました。

そこで同推進部はエモーションテックのシステムを活用し、各サービス担当者がより詳細な分析を実施できる環境を整えました。具体的には各サービス担当者にシステムにログインしてデータを分析できる権限を開放し、自社サービスだけでなく競合サービスについての調査内容も共有することにしました。さらに、単にツールを提供するだけでなく、データの見方を含めた勉強会も実施し、優先的に改善すべきポイントがどこにあるかを読み解く方法もレクチャーしました。サービス改善を行うのは本部ではなく、実際にサービスを担当する部やチームです。各サービスの担当者が本当に必要な情報をどの様に提供する

のかを考えた結果、要望に合わせて顧客体験を分析できるツールを提供することが重要だという結論に至ったようです。

調査により判明した予想外の「評価ポイント」

こうした施策により、具体的な成果が出始めています。

そのひとつが、歩数／体重の記録や、ユーザの悩みにあわせた健康ミッションをクリアしてｄポイントを貯められるサービスを提供している「ｄヘルスケア」です。24時間いつでも医師にチャット相談できる機能もｄヘルスケアにはあります。

調査前、ｄヘルスケアのチームは「ｄポイントが貯まる」というサービスの性質上、もらえるｄポイントの多さが評価されていると予想していましたが、実際には、ｄポイントと併せて他の部分が評価されていたことが判明しました。調査により明らかになったのは、歩数に応じてｄポイントがもらえることよりも、歩数グラフや体重推移のグラフ、配信される健康ミッションなど、アプリの機能を評価しているユーザーほど高いＮＰＳをつける傾向にあること。さらに、無料で使える歩数カウントサービスは、気軽に楽しく使い始められるためユーザー獲得には有効ですがＮＰＳそのものはあまり高くありませんでした。

【図4-A】 医師とのチャットサービスでNPSが向上

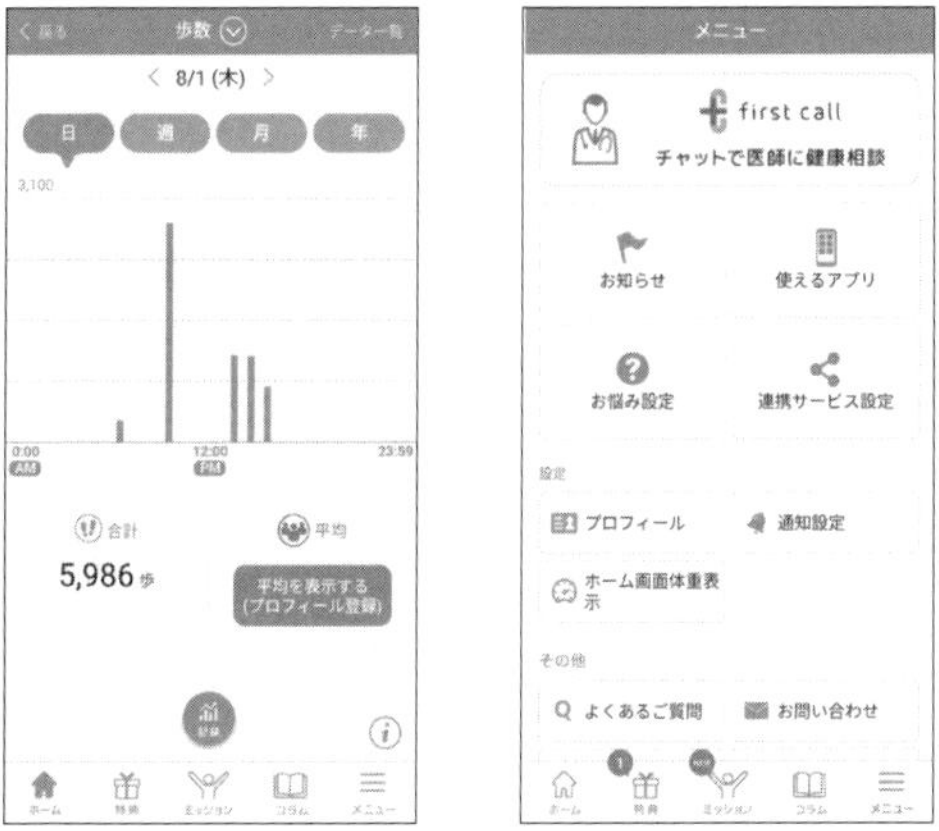

歩数に応じてdポイントがもらえるサービス（上左）は気軽に利用できるため、新規顧客獲得には有効。その後、チャットで医師に健康相談できるサービスを活用してもらうことで、NPSが向上すると判明した

その一方、実名の医師に相談できるサービスの方が実際に必要な情報を得られることから、ユーザーのNPSが高いことなどもわかりました。

そこでdヘルスケアのチームは、まずは医師への相談サービスのユーザー認知度を高め、多くの人に使ってもらうよう、元々は別サービスだった相談サービスをdヘルスケアのアプリから直接利用できるようにするなどの改善を行い、全体のデザインを調整しています。

無料かつ気軽に始められるサービスを、新規ユーザー獲得や日々のアクティブユーザーを増やすことに活用し、より推奨度を高めていくためにも有料でもメリットの感じられるサービスの利用を促していく。こうした構図は、ＮＰＳ調査の結果、明確なものとなりました。

ｄヘルスケアは基本的には無料で、ユーザーにあった健康ミッションや、相談サービスなどを使おうとすると月額３００円の料金がかかります。競合サービスもいくつか存在しますが、同じ価格設定で、同じ機能のサービスは他にはありません。こうした状況で競合とユーザー数を比較しようとしても、より無料に近く、より機能の多いサービスが評価されがちです。しかしＮＰＳであれば、サービス単体としての質を調査できるため、競合よりも良いサービスにするという目的においては、ＮＰＳで比較を行うのが良いという実感も得ています。

「お気に入り機能」がNPSを高める

様々な雑誌の記事をスマホで読めるサービス「ｄマガジン」でも意外な一面が明らかになりました。ｄマガジンのサービス部門ではもともと、ＳＮＳなどをチェックし、愛好者による口コミの重要性を実感していました。つまり調査前から、ＮＰＳが上がれば良い口

【図4-B】「お気に入り設定」を使うユーザーのNPSが高い

「お気に入り設定」（上左）で好きな雑誌を自動ダウンロードできる設定をしておくと、電波状況に関わらず記事を読めるようになるためNPSが高くなる。「コンテンツを充実してほしい」という声には、期間限定のムック誌(上右)の様に、関心が高い情報を提案していくことで対応

コミが自然発生し、広告に頼らずとも新規ユーザーが獲得できるという期待を持っていたのです。

　dマガジンはコンビニエンスストアで販売されている雑誌をほぼすべてカバーしているため、コンテンツが充実していると同社内でも考えられていました。しかし、調査によると、それでも「まだ足りない」と思っていたり、機能に不満を持っているユーザーが多いことが判明したのです。ある機能をないと勘違いし、そこを不満とするユーザーもいました。

　そこで、まずは期間限定のコンテンツを追加しました。雑誌はほぼ網羅しているはずなのに「読みたい雑誌がない」とされてしまうのはなぜなのかを深掘りし、読みたいと思えるコンテンツを積極的に提案する必要があるのではないかと考え、それまでは扱ってこなかった、季節感のあるムックなどを期間限定で提供するようにしたのです。この施策は、同じような雑誌配信サービスとの差別化にもつながる可能性があります。

機能面では、「記事の読み込み速度や表示スピードが遅い」という声が上がっていました。ただ、一度記事をダウンロードしておけば読み込みに時間はかかりません。電車など通信環境が不安定な場所での閲覧の前には事前にダウンロードしておくことで快適に閲覧できます。そこで、特に利用を促しているのが「お気に入り機能」です。雑誌をお気に入りに登録しておけば、記事を毎回ダウンロードする必要がなく、自動で端末に保存しておいてくれます。この機能を使っているユーザーのNPSが高いことも明らかになっているため、販売店でもユーザーに説明するように変更し「機能があるのに気付かない」ということがないようにしています。

こうした取り組みの結果、dマガジンのNPSは調査開始直後から14ポイント上昇し、PV数も増加しています。同社の推進部では今後も調査を継続しながら、推奨度と収益がどのように関連しているかを明らかにしていく考えです。

バイク王&カンパニー
顧客との信頼関係を築いて、良い売上・良い利益を生み出す

課題
・売上・利益と顧客満足度が相反する可能性がある
・モデルとなるバイクライフアドバイザー（査定員）像が曖昧

売上か、顧客体験か？

バイク王&カンパニーは、バイクの販売から買取までを主な事業ドメインとし、「バイク王」ブランドで全国展開しています。「バイクを売るならGO！ バイク王♪」のフレーズでおなじみのテレビCMなどで名前を聞いたことがあるという方も多いでしょう。

同社のビジネスの特徴には、一人の顧客がバイク王を頻繁に利用することが少ないことがまず挙げられます。年に何台もバイクを手放す人はいませんし、何台も購入する人もい

ないでしょう。大半の人にとって、乗っていたバイクを手放すということは初めてに近い行為です。いつもしていることではないので、いざ売却、しかもそれが自分の愛用していたバイクだったなら、どこで売るのが良いのかをネットで調べ、口コミを頼りにする人が多いことは容易に想像できます。NPSのメインの質問で尋ねる推奨度は、まさにこの口コミに合致します。推奨度が低ければ、良い口コミも書いてもらえず、新たな顧客の利用につながりません。

このほかにも、「買い取り」というビジネスには大きな特徴があります。一般的に査定価格と顧客満足度はトレードオフの関係にあります。つまり、査定時の顧客の満足度を上げようとすると、企業としての利益を下げてしまうことになりかねないということです。仕入れる側にして見れば仕入価格は抑えた方が利幅が大きくなりますが、利益を重視しすぎると顧客満足度を下げるだけでなく、状態の良いバイクを仕入れられなくなってしまいます。したがって、同社の中には顧客満足度と業績は相反するのではないかと考える人もいました。

一方で顧客の満足度は価格だけで決まるわけではありません。愛用していたものを手放したことのある人なら容易に想像できると思いますが、バイクライフアドバイザー（査定員）とどのような会話をしたか、期待していた価格と実際の価格とのギャップがどうであったかなど、様々な要素で「手放して良かった」「この会社に頼んで良かった」と思えるかどうかが決まるのです。

ただ、価格に関しては先述した事情や確固たる基準があるため、バイクライフアドバイザーの一存で大きく上げ下げをするのは現実的ではありません。実際にできることは、バイクライフアドバイザーが顧客に対し、よりよい印象を与え、より深く納得してもらうことでしょう。もしバイクライフアドバイザーによってその印象や納得度に大きな違いがあるのなら、より高い基準に足並みを揃える必要もあります。しかし、こうした話はあくまで想定であって、バイクライフアドバイザーの印象と顧客の満足度との相関を裏付けるデータは存在しないのが現状でした。

そこで、同社では仮説を検証するために、2018年7月からエモーションテックもサポートしNPS調査を導入することにしました。調査の対象には、買い取りを希望しながらも条件が折り合わず、成約に至らなかった人も含んでいます。調査では「バイク王の買取サービスを親しい友人や知人にすすめたいか」「今回対応したバイクライフアドバイザーについて友人や知人にすすめたいか」のほか、その理由として「挨拶や言葉づかい」や

【図4-C】実際のNPS調査画面

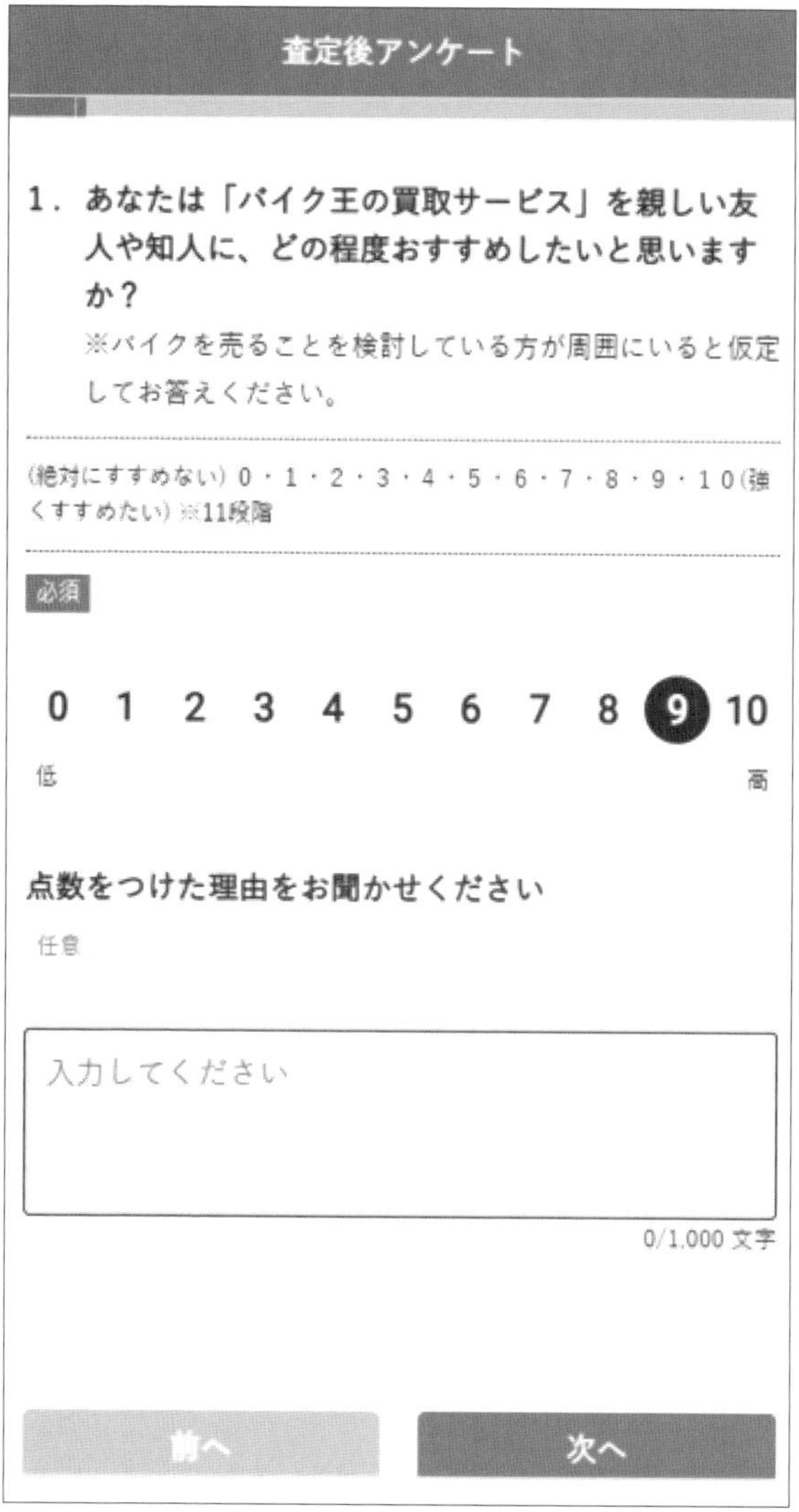
査定後アンケート
1. あなたは「バイク王の買取サービス」を親しい友人や知人に、どの程度おすすめしたいと思いますか？
※バイクを売ることを検討している方が周囲にいると仮定してお答えください。
(絶対にすすめない) 0・1・2・3・4・5・6・7・8・9・10(強くすすめたい) ※11段階
必須
0 1 2 3 4 5 6 7 8 9 10
低
高
点数をつけた理由をお聞かせください
任意
入力してください
0/1,000 文字
前へ
次へ

「説明の丁寧さ」などを尋ねました。

顧客満足度調査やミステリーショッパーでは得られないもの

同社は、5年ほど前から顧客満足度調査やミステリーショッパー（覆面調査員が顧客になりきって評価をする調査方法）などを通じて、利用者の満足度向上に努めてきました。それは当時、バイクを売るなら「バイク王」という市場環境が変化し、バイクの買い取りを行う競合企業が登場してくるなかで、顧客から選ばれる存在になるためには、顧客とのコミュニケーションを改革する必要があると感じたためでした。

そこで顧客満足度調査やミステリーショッパーを実施することになったのですが、同社は大きく次の2つの課題を抱えることになります。

・顧客満足度が収益指標になかなか結びつかない
・サンプル数（回答者数）が少なく、納得感のある調査が実施できない

前述の通り、本来であればバイクライフアドバイザーが顧客に良い印象を与え、信頼関係を築くことで、顧客が安心してバイクを売りに出せることを証明したいと考えていたの

に対し、顧客満足度と収益に関係性を見いだせずにいました。これは日本人の「直接的な批判を伝えにくい」という文化的な特性によるものと考えられます。実際、同社でも顧客満足度調査の結果は、肌で感じている実際の顧客の反応よりも高く、その結果業績との連動性が見えにくくなってしまっていたといいます。

また、ミステリーショッパーでより正確に対応品質を計測しようと考えたものの、たった数回のバイクライフアドバイザーの対応しか確認できず、本部はもとより現場の納得感が高められない状態が続いてしまいました。覆面調査員と呼ばれるミステリーショッパーは、多くの評価項目を設けて調査ができる一方で、多くの調査が実施できなかったりと、全体の顧客体験の計測にはあまり向いてないと言えるでしょう。

CX向上は顧客だけでなく、従業員や企業をより良い方向へと導く

調査の結果、良い顧客体験を提供し顧客から高い評価を受け取ったバイクライフアドバイザーは、成約率などの収益指標が高くなることがわかりました。低い評価をつけた顧客と、高い評価をつけた顧客からの成約率を比較するとおよそ30%もの成約率の違いがある

ことが判明しました。また「次回もバイク王を利用したいか」という質問に対しての回答にも大きな差がでました。

この結果こそ、バイクライフアドバイザーが良い接客や対応を実施し、顧客との信頼関係が構築されることで、顧客が安心・納得してバイクを手放すことができている証明に他なりません。同社内でこの結果が報告されると、「お客様に満足してもらったうえで、企業の収益を向上させられるのではないか」と考える人が増え、現在では事務局以外にも様々な部門からの協力を得られる状態になりました。

さらにカスタマージャーニーに基づいた分析からは、バイクライフアドバイザーの接客スキルや印象、また、査定価格への納得感が、推奨度を大きく左右することが判明。そこで同社のある営業所では査定価格への納得感を高めるためにバイクライフアドバイザーを対象としたロールプレイング研修を行うなど、工夫を始めました。こうした研修の必要性がバイクライフアドバイザーの間に浸透したことも、NPS調査の大きな成果です。もしもNPS調査の結果のような、数字ではっきりと示せるデータがなければ、忙しいバイクライフアドバイザーの理解や協力を得られなかったでしょう。

また、同社では「査定前のヒアリング」という一つのステップを付け加えることにしました。バイクライフアドバイザーは顧客のもとへ足を運び、バイクを見ながら査定を行いますが、その前に、「査定時にどの様な点を重視しているのか」というアンケートを行うことにしました。たとえば「査定時のスタッフの対応に関して、重要視している点」「売却予定のバイクについて、評価してもらいたいポイント」などの質問項目を並べ、その顧客がどの項目に高く期待しているかを把握するのです。

後日、顧客を訪ねたバイクライフアドバイザーは、そのアンケートの結果に基づいて話を展開します。目の前のバイクがいくらになるかというやりとりだけでなく、「この人になら売ってもいい」と思ってもらえるよう、アンケート結果に基づいた、信頼関係を構築できるような会話をするのです。たとえばある顧客には「どうして今回バイクを売ろうと考えたのですか?」、また別の顧客には「どんな用途(通勤やツーリングなど)でバイクを使っていたのですか?」など質問します。これはつまり、その顧客のバイクへの愛着を尋ねるということです。価格を決めるプロセスに感情が入りこむことになるのですが、これは、バイクのように持ち主が強い愛着を持つ商材では非常に重要なポイントです。

実はこのことは、顧客から仕入れたバイクを販売する販売店に寄せられていた声とリンクします。販売店にやってくる顧客(買い手)の多くは、走行距離や保管状況、傷の有無

管理部門 人事グループ 大貫怜二郎氏

などといった仕様だけでなく、「前のオーナーはどんな使い方をしていたかを知りたい」というニーズを実は持っています。つまり買い手が求める情報は、まさに売り手の納得感を高めるためにヒアリングする内容とイコールなのです。

こうしたストーリーを活用できれば、顧客（売り手）と顧客（買い手）の双方の満足度を上げられそうだ、ということはNPS調査によって見えてきたことの一つです。

トヨタ自動車
高評価サービスの接点を増やし、継続利用者の獲得を目指す

課題
・利用履歴（ログ）だけでは本当の評価がわからない
・サービス改善の〝議論の根拠〟となる共通言語が必要

NPSを押し上げる「オペレーターサービス」

T－Connectは、トヨタ自動車が同社の車のオーナーを対象に提供するテレマティクスサービスです。カーナビ機能（地図が即日更新されるマップオンデマンドを含む）のほか、安全運転や事故防止のためのサービス、AIとの音声対話による案内（エージェント機能）、インターネット経由のオペレーター対応（オペレーターサービス）、専用アプリの提供など、さまざまな機能を持っています。同社はこのサービスのどの機能が支持さ

【図4-D】トヨタコネクティッドサービスとは

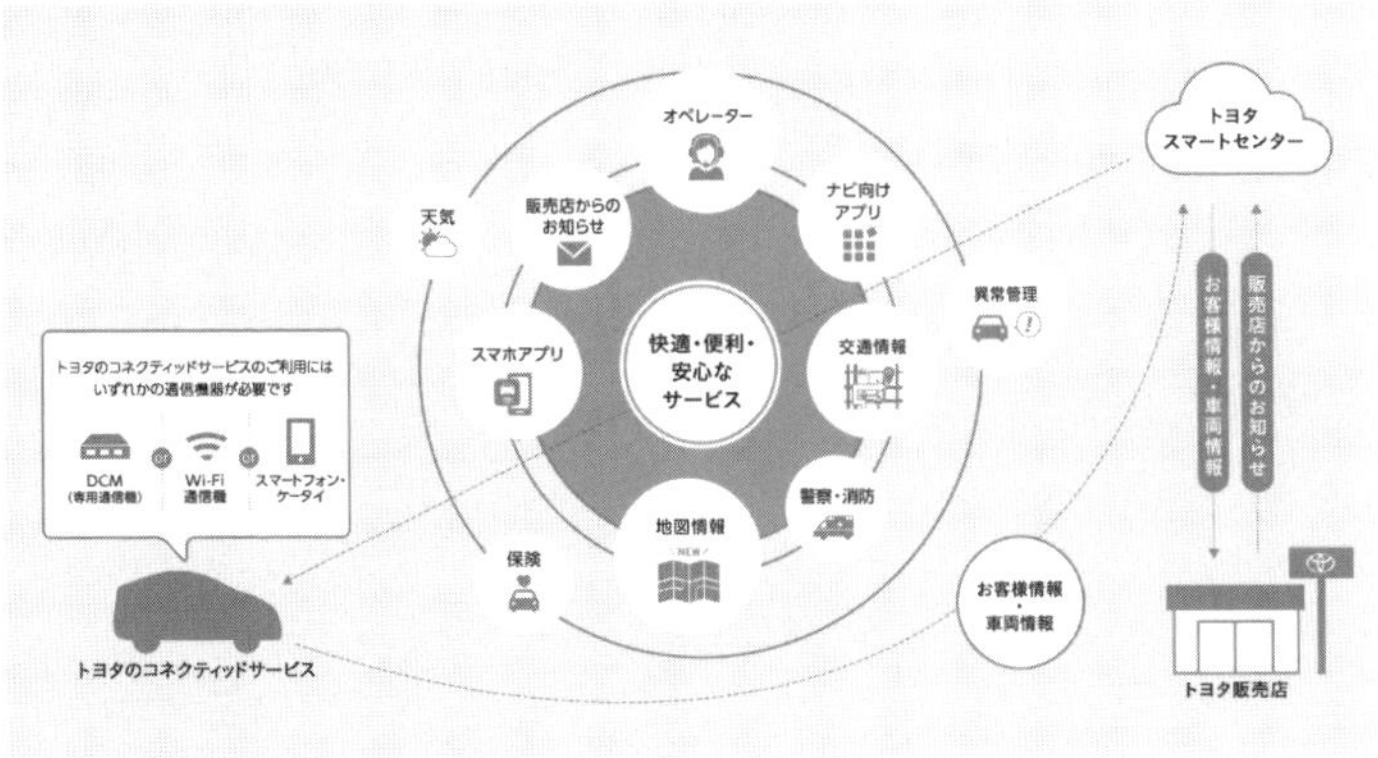

れているかを把握し、整理するためにNPS調査を導入しました。多数の機能を搭載しているために、どの機能が顧客から支持を集めているのか、どの機能をプロモーションし、販売店で顧客に説明してもらうのか、といった判断がしにくくなっているという課題感がありました。

サービスごとの使用頻度などはログを見ればわかります。しかし、ログに頼りすぎると、「たまにしか使わないけれど便利だ」と評価されているものを見落としてしまいます。

18年3月に行った第一回目の調査目的は、T－Connectの推奨度の把握以前に、サービスの認知度、内容への理解度と評価を知ることでした。3章で説明したフェイズ1（104ページ）の調査をしたということです。

その結果は、トヨタの予想通りのものでした。

まず、利用するサービスの種類と利用頻度が高いほど、NPSが高くなっています。さらに、NPSを押し上げるサービスは上位から「オペレーターサービス」「エージェント機能」「マップオンデマンド」という結果になりました。

現在、同社はNPS調査で明らかになったこれらの結果と、実際のログとを付き合わせて調査の精度を把握するプロセスを進めていますが、この成果には十分な意味を見出しています。それは、「何を強化し、何を変えるのか」といったことを議論できるようになったからです。以前は、議論の根拠がどうしても感覚的なものになりがちでしたが、そこに「調査結果」という共通言語が誕生したのです。

一方で、利用期間の長さとNPSのスコアには、予想したほどの関連性が見られませんでした。T－Connectを長く使うにつれて、オペレーターサービスに関心が移行していくのではないかと想像していたのですが、ユーザーの利用期間を「3カ月以内」「12カ月以内」「24カ月以内」で分けて調査をしても違いはほぼ見られませんでした。

つまり、利用歴にかかわらず、「オペレーターサービスをよく使っているユーザーはNPSを押し上げる」ということが明確になったのです。現状では、無料期間が終了したら

T-Connectを使わなくなるユーザーもいるようですが、長く使い続けてもらうためには、早い段階でオペレーターサービスの存在に気付いて使ってもらうことが有効だとも言えるでしょう。

オペレーターサービスでは、こうした調査結果を受け、強化の検討が始まっています。オペレーターサービスは人が対応するサービスなので、その人によって提供できるサービスの質に差があり、採用や教育コストもかかるという課題があります。それを踏まえた上で、オペレーターにはお客様と接するノウハウの部分に注力してもらい、それ以外のところで費用対効果を上げるために、オペレーターが利用するデータベースの刷新なども考えています。

もともとオペレーターサービスは、「運転中にナビの機能を操作できない」といった課題に対して、オペレーターが代わりにナビを操作してくれるサービスとして誕生したものです。そのため、オペレーターは、クルマのナビに使われているものと同じデータベースを検索し、そこで得られた結果を案内していました。しかし、問い合わせてくるユーザー自身も実は検索に慣れており、自分で検索をすればわかるような案内や時間のかかる案内は期待していません。データベースやシステムの刷新などをもとにした、自動車メーカーならではの、人を通じているから可能なサービスに変えるイノベーションが必要なのです。例えば、大型のレクサスは駐車できる駐車場が限られてしまいます。そのためオペレーターが大型の車両を停めることができる駐車場を案内することで、顧客体験の向上につながります。これは、これまでの検索では提供できなかった価値を、オペレーターという「人」を介在することで、より高いCXを提供できるようにしていくということです。「運転中にナビを操作しなくて良くて、便利である」という頭の満足を満たすサービスから、より高い付加価値で心の満足を満たすサービスへと転換することで、T－Connectやトヨタに対するロイヤルティを形成していく一つのポイントになると考えられます。

このイノベーションという視点は、NPS調査の継続性にもつながります。

一回だけ調査をして、NPSのスコアが良かったらそれでいいのかというと、決してそうではありません。常に調査を続け、サービス内容が変わったらお客様の気持ちがどう変わったのかが、すぐに見えるようにする必要があるのです。

サービスに触れてもらい、NPSを高める

18年夏に行った2回目の調査の目的は初回とは異なり、特定の施策がNPSにどの程度の影響を与えるか、やはり仮説を検証することでした。特定の施策とは、納車の際に販売店のスタッフが、初めてのオペレーターサービス接続（ファーストコール）に立ち会うこと。これによりサービスの存在を印象づけ、2回目以降の利用につなげることを目的としたものでした。オペレーターサービスを利用しているユーザーのNPSが高いのなら、タッチポイントを増やして多くのユーザーにオペレーターサービスを使ってもらい、NPSを引き上げようとするのは極めて理にかなっています。こうしてNPSを高め、サービスを引き続き利用し続けてもらうことを念頭に置いています。今後は、「無料期間が終わったから」「期待ほどのサービスが受けられなかったから」などの理由でT－Connectを使わなくなったユーザーにも調査の対象を広げていきます。

トヨタは従業員数が37万人を超える大企業。NPS調査を実施している部署は数多く、また、自社で仕組みを整えて調査するだけのキャパシティも十分に持ち合わせています。「ただ、極端なことを言えば、オペレーターサービスを使っている人だけに対象を絞って調査をすればNPSのスコアは簡単に上げられます。自分たちだけで調査を行っていくと、単にスコアを上げることが目的なのではと疑われかねません」（トヨタコネクティッドカ

e-TOYOTA部担当部長　佐々木英彦氏

ンパニーe－TOYOTA部担当部長の佐々木英彦氏）。NPSの調査は、簡単に始められるがゆえに、自社で取り組まれるケースも多く見られますが、調査の正確性や分析のクオリティなどという点においては外部に委託することもメリットがあるようです。

NPS調査は同社の取り組みのように、顧客が重要だと思っているであろう体験を仮説立て、カスタマージャーニーに落とし込み、調査を行っていきます。その結果、仮説では持っていなかった新たな発見があり、新しい仮説立てにつながる場合もあれば、仮説がデータによって証明される場合もあります。同社のケースでは、調査からオペレーターサービスが重要だとする仮説が証明される結果となりました。新しい示唆に目が行きがちな顧客調査ですが、この仮説が検証されることは、「社内の共通言語化」と「方針の再確認」という2点において、非常に大きな意味を持っています。様々な情報が行き交う社内では、商品やサービスの改善に対する意見が多く挙がります。NPS調査は顧客の考えを明示化し、何を改善すべきかについて、社内の認識を統一させることが可能になります。また、自社のサービスに対する仮説を常に正しく持ち続けることは、日々環境が変化していく現代においては特に難しくなってきています。同社ではNPSという指標を一つの軸にしながら、改善の方向性を確認することを定期的に行っていくようです。

リクルートキャリア
リクルートエージェントサービス

経営層や現場を巻き込み、顧客への価値最大化を目指す

課題

- サービス向上の方法が不明確
- 内部調査と外部調査の結果にギャップがある

「感動品質」とはなにか？　顧客価値向上プロジェクトの発足

リクルートキャリア社の、転職エージェントサービスである「リクルートエージェント」の取り組みを紹介します。同サービスでは、2015年に顧客体験向上のためのプロジェクトを社内に発足させました。もともと同サービスを利用して転職をした人を対象に、

【図4-E】グループインタビューなどを行い現状を把握

グループインタビューでサービスに対する率直な意見をヒアリングし、インタビュー動画を経営陣が全員で閲覧した

満足度調査を独自で行っていました。ただ、その調査の結果は7～8割が満足している結果となっていたため、そこからさらにサービスとしての品質、具体的には転職希望者の相談相手であるキャリアアドバイザーのサービスクオリティを向上させるにはどうしたらいいか。その戦略をはっきりと絞り込むことはできていませんでした。その一方、転職マーケット全体を俯瞰すると、競合も多く存在し、新しいサービスも出てきている中、業界シェアトップクラスのサービスとして、より高い品質のサービスをどのように提供できるか、という課題感がありました。そうした経緯から、同サービスで「顧客価値向上プロジェクト」を立ち上げるに至りました。

そのプロジェクトで最初に考えたのが、「顧客価値を上げる」とは、実際に顧客をどのような状況に置くことなのかということです。転職希望者に同サービスがどう見られているのかという現状を把握するために、独自のサービス利用者に向けた調査だけでなく、外部機関による競合サービスとの比較も含めたNPS調査、さらにグループインタビューも行いました。NPSを採用したのは、「大切な人にすすめられるようなサービスにしていこう」という声が従業員からも上がっていたことと、推奨者を増やす観点だけでなく批判者を減らすために何をすべきかを考えていくベースとなる指標であったからです。

外部機関による調査の結果、サービスの使いやすさなどに関する点ではかなり高い評価が得られた一方で、キャリアアドバイザーの親身さや面談の内容で競合サービスに負けていることがわかりました。

それはつまり、使いやすさや便利さと言った「頭の満足」を満たすことはできていても、顧客を感動させ、信頼を勝ち取るはずのキャリアアドバイザーによる対応の部分で「心の満足」を満たせていないということを意味します。また、ここではっきりしたのは、これまで独自で実施していたサービス利用者に対する満足度調査では、対象者がサービス利用の延長線上で回答していたために、リクルートエージェントに対して辛辣な評価をしにくい傾向にあるということでした。

プロジェクトではこの時点でかなりの危機感を抱き、本格的にサービス品質の向上に取り組む必要があると感じました。さらにその意識をサービス全体に浸透させ、キャリアアドバイザーに変化の必要性を実感してもらうには、そうした空気や文化の醸成が必要だとも考えました。単に「NPS調査の結果が悪かったので改善しましょう」と言うだけでは、何も変わらないだろうと予測したのです。

そこで、プロジェクトはすでにNPS調査を行っている企業約40社の先行事例をヒアリングや文献等を通じて収集。運用のノウハウを学び、その結果を経営陣に共有しました。さらに、グループインタビューの動画も視聴してもらいました。生々しい他社事例を知った上で、自サービスの利用者が辛辣にダメ出しをする動画を見ることで、たとえ転職市場でシェアナンバーワンであっても、改善しなくてはならない点が少なくないことを実感してもらうためです。こうして経営陣にNPS向上の必要性を訴え、そのための取り組みがサービス全体でスタートしました。

日々、転職候補者の声を聞き、キャリアアドバイザーが対応

サービス利用者へのアンケートは、サービスに登録してからキャリアアドバイザーと転

【図4-F】カスタマージャーニーマップを分析

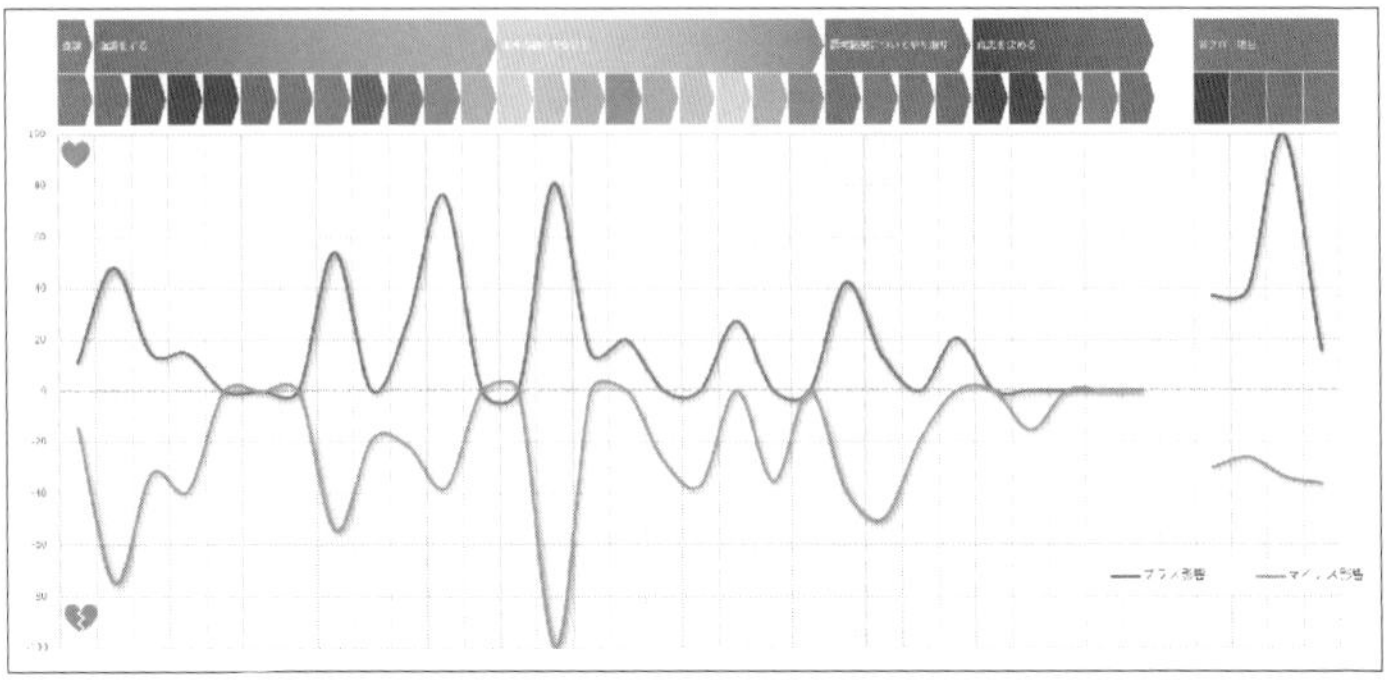

カスタマージャーニーマップのなかで、どの顧客体験が重要であるかを分析。各チームの戦略やキャリアアドバイザーの行動改善に活用している

職に関する面談を実施する前、面談を実施した後、エージェントサービスを終了したタイミングでそれぞれ行っています。全てのアンケート結果はすぐにキャリアアドバイザー本人やその上司が確認できる環境を整えており、結果は様々です。評価されている／されていない項目が具体的な数値とともに示されるので、キャリアアドバイザーやその上司はそれを見て、強みを伸ばし、弱みをフォローすることができるのです。

さらに、日々集められたデータを各チームや部ごとに集計・分析します。ここで用いるのがカスタマージャーニーマップを用いた分析です。リクルートエージェントに登録してから、キャリアアドバイザーとの面談を受け、企業に応募・面接し、内定、入社に至るまでの各体験に対する評価を集め、「最も優先して改善すべきポイント」や「顧客ごとにどのような対応をするべきか」を明確に絞り込んでいきます。実際、とあるチームでは、キャリアアドバイザーとの面談後のアンケートで「転職目的を明確にした上で、転職活動ができている顧客はNPSが高くなる」ことが調査の結果からわかり、将来を見据えた上で今回の転職の目的を何にするかについて、転職者としっかり話し合うようにしました。NPS調査やアンケートは顧客から様々な声をもらうため、改善したい点がたくさん見つかってしまうものです。それでもこのチームは、「転職目的をしっかり話し合う」という一点に集中して取り組み、結果として実際に顧客からの評価があがり、業績向上を達成しました。たくさんの課題を一度に取り組むのは難しいため、取り組みの優先順位をつけ、一つずつ改善するのに、カスタマージャーニーマップは活用されました。

顧客体験価値を向上させる組織を作るために

経営陣やプロジェクトが単独で調査を実施し、日々顧客と向き合うキャリアアドバイザーに対して「こういう調査結果が出たので改善して下さい」といきなりアドバイスをして

【図4-G】「顧客体験向上」浸透のための6つのポリシー

1 同じことを言い続ける
2 ボトムアップにこだわる
3 確認する場をなくさない
4 NPS を目的にしない
5 小さく始めて成果をつくる
6 いきなり評価に接続しない

も、なかなか納得しにくいものです。そこでプロジェクトはサービス全体で顧客体験向上を推進するために、従業員全員に「顧客体験向上」という概念を「認知（顧客体験向上という概念を知る）」「納得（顧客体験向上ということに納得する）」「行動（顧客体験向上のために行動する）」というステップを切って浸透させていきました。

なかでも納得度の醸成において重要な役割を担ったのが、「同じことを言い続ける」「ボトムアップにこだわる」「確認する場をなくさない」「NPSを目的にしない」「小さく始めて成果をつくる」「いきなり評価に接続しない」という、新たに設置した〝6つのポリシー〟でした。

たとえば「ボトムアップにこだわる」は、従業員の認知度や納得度の浸透を進めながら、どういう調査をするべきか、という議題については営業のマネージャー同士で議論をして決定をしています。また、「確認する場をなくさない」というポリシーでは、役員会や部長会など、全てのの会議のアジェンダの冒頭に顧客の声に関する項目を入れて「お客様を本当に大事にする」というメッセージを発信し続けました。四半期に一度行われるリクルートエージェントの社員総会においても、業績に関する説明の前にサービスのトップである役員自らがNPSや顧客体験についての発表を行っています。

最後にある「いきなり評価に接続しない」は、もし今後キャリアアドバイザーらの評価にNPSの結果を反映させるとするなら、現場がそれに納得し、気持ちも体制もきちんと整った段階で行うということです。現在、リクルートエージェントでは、NPSの結果は個人の評価には取り入れていません。あくまでNPSの調査結果は、その個人やサービスが顧客から「おすすめしたい」と高く評価されるようになるための材料です。結果、納得度が高まった一部の部署では、自発的にNPSやその関連指標を評価とする取り組みも始まりました。

（左上写真）顧客ロイヤルティ推進部 安食健太郎氏（右上写真）顧客ロイヤルティ推進部 高木瑞穂氏（左写真）顧客ロイヤルティ推進部 富井眞理氏

良い組織が良い顧客体験を生み出す

プロジェクトでは、ＮＰＳをリクルートエージェントに関わる従業員全員に浸透させるためのステップを丁寧に踏んできました。その結果、各チームやキャリアアドバイザーらが顧客の声に向き合い、顧客の課題を解決するために積極的に自身の行動を振り返る組織・企業文化を生み出すことに成功しました。

ある組織では、マネージャーが各キャリアアドバイザーに対して、推奨者を増やす取り組みをするのか、批判者を減らす取り組みをするのかをデータ分析の結果を踏まえながら教育しています。また他の組織では、顧客の業種や職種、年代、性別ごとにＮＰＳがどのように変化するかを見極め、顧客への価値を最大化できるように、どのキャリアアドバイザーが担当するかを決めているチームもあります。

顧客体験の取り組みを「認知」「納得」「行動」というステップに沿って、キャリアアドバイザーの自発的な意欲を重視しながら進めてきたリクルートエージェントでは、キャリアアドバイザー自身のモチベーションも飛躍的に向上し、リクルートホールディングス全体の従業員満足度調査でも多くの項目で高い点数をとり、離職率も半減するに至りました。

時として、新しい施策は社内でなかなか理解されず、その結果、定着せずになし崩し的に終了しがちです。リクルートエージェントの取り組みは、NPSの有効性を示すだけでなく、新規制度の定着を図るための手本にもなります。

第5章

カスタマー・エクスペリエンスに取り組む7つのルール

ＣＸＭを成功させるルールがある

私たちは様々な企業でのＮＰＳ調査とその分析、現場への反映方法などを含め、カスタマー・エクスペリエンスの向上をサポートしてきましたが、ＣＸ改善がうまく推進できる企業もあれば、そうでない企業もあります。

違いは、周囲からの理解と協力を得られるかどうかです。

ＮＰＳ調査を行い、その結果を経営層や事業の現場に伝える役割を担う部署（ＣＸチーム）は、マーケティング部門や経営企画部門など、企業によって異なるのが実態です。ただ、どこの部署が担当するにせよ、調査をスムーズに行い、その結果を経営方針や現場のオペレーションに反映させるには、社内外のステークホルダーからの理解を得て協力を取り付ける必要があります。

社内外のステークホルダーとしてまず挙げられるのが、経営層です。

一般的に企業の経営層は収益の増加のほか、顧客満足度の向上にも熱心に取り組んでいます。顧客満足度が上がれば収益も上がるだろうという期待があるからです。しかし、そ

【図5-A】3つのステークホルダー

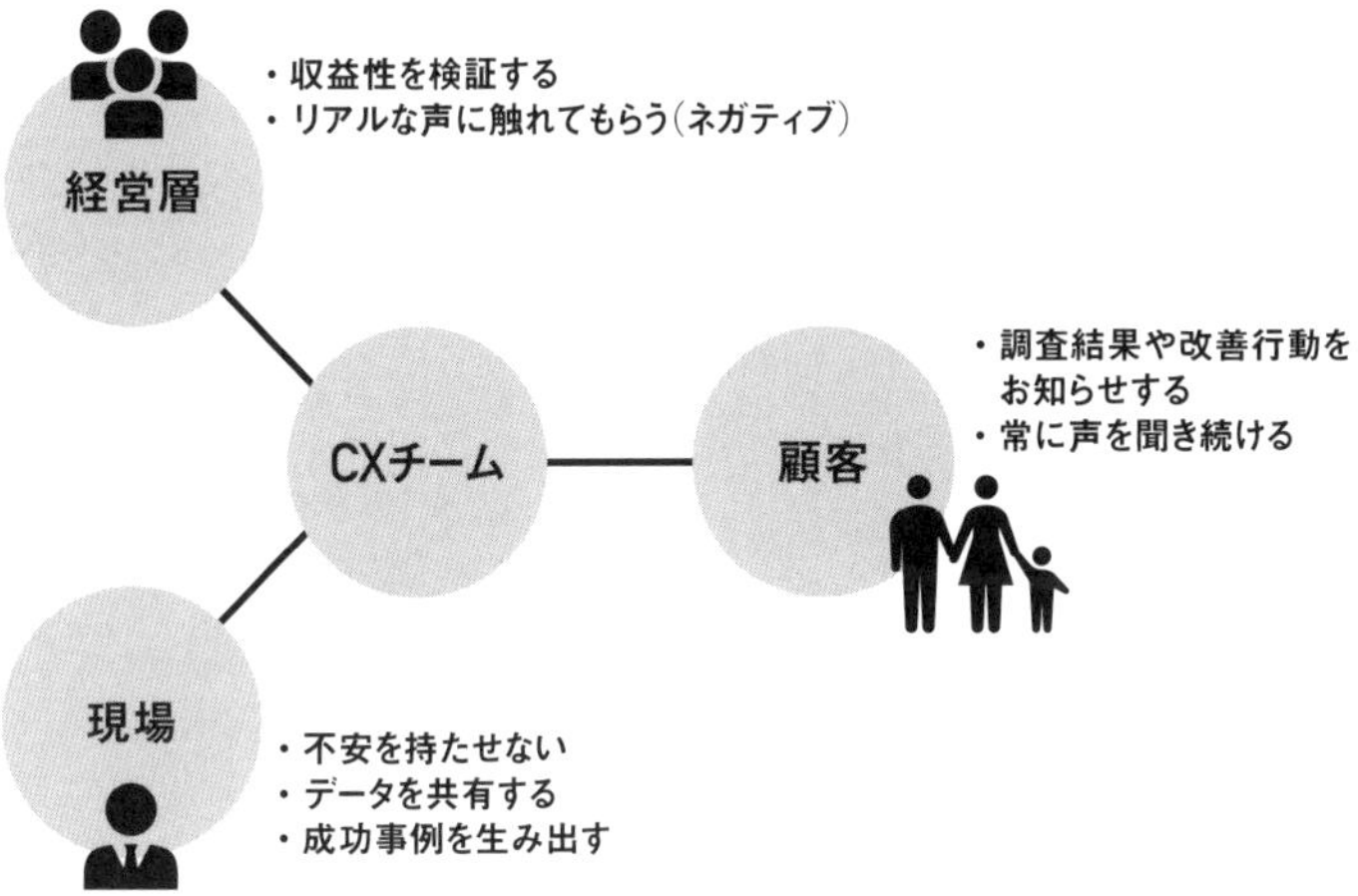

の費用対効果は明確に把握できるものではありませんでした。顧客満足度向上にどれだけのコストをかければ収益がどの程度増えるのか。自信を持って断言するだけの根拠を得られずにいたのです。

しかし、繰り返し述べてきたように、NPSのスコアと収益には相関があります。CXチームはこのことを、まず経営層に丁寧に説明する必要があります。

社内には経営層の他にもステークホルダーがいます。それは事業を行っている現場のスタッフです。

現場のスタッフにとってNPSは、「新しい採点の仕組み」に映るでしょう。

カスタマージャーニーの一つひとつの要

素についてそれが推奨度に直結するかどうかを顧客に尋ねるということは、「現場のこが不十分だからNPSが上がらない」と、成果の出ていない原因を追究する行為に見えるからです。NPS調査を行う本来の目的をしっかりと説明して理解を得ないと、現場からはNPSへの嫌悪感や不信感が生まれかねません。

最後のステークホルダーは、顧客です。

NPS調査の対象となるのは顧客です。当然のことながら、協力してくれる顧客がいなければ調査はできません。NPSではたった一つの究極の質問が注目されがちですが、質問の回答をより良いものへ変えていくには、その質問に付随するいくつもの質問が必要になります。

また、顧客にはわざわざ時間を割いて、回答をしてもらわなくてはなりません。回答率を上げるため、例えばポイント付与や割引券などのインセンティブを用意する方法もあります。しかし、そのインセンティブは、言ってみれば〝頭の報酬〟にすぎません。私たちがより重要だと考えているのは〝心の報酬〟なのです。

私たちは、様々な企業のカスタマー・エクスペリエンスの向上支援を通じて、CXチームがステークホルダーからの理解と協力を得てそれを成功させるための計7つのルールを見出しました。以下に、そのルールと概要を説明します。

経営層を本気にさせるルール

【ルール1】収益との関連を可視化する

経営層にとって、企業の収益を向上させることは重要なミッションの一つです。そのため、顧客体験の向上に向けた施策に取り組む際には、その施策によって本当に収益の増加に結びつくのかどうかが当然気になります。

したがってCXチームは、それをより分かりやすく経営層に示す必要があります。有効なのは、NPSと自社の収益の関連性を具体的な数字と共に提示することです。

顧客にNPS調査をする際、過去にどれくらいの頻度で買い物をしているか、あるいは金額を使っているかもあわせて調査すれば、NPSスコアと頻度・金額の相関ができます。わざわざ尋ねなくても、頻度や金額はCRMなどのデータと紐付けることもできるでしょ

【図5-B】収益相関分析について

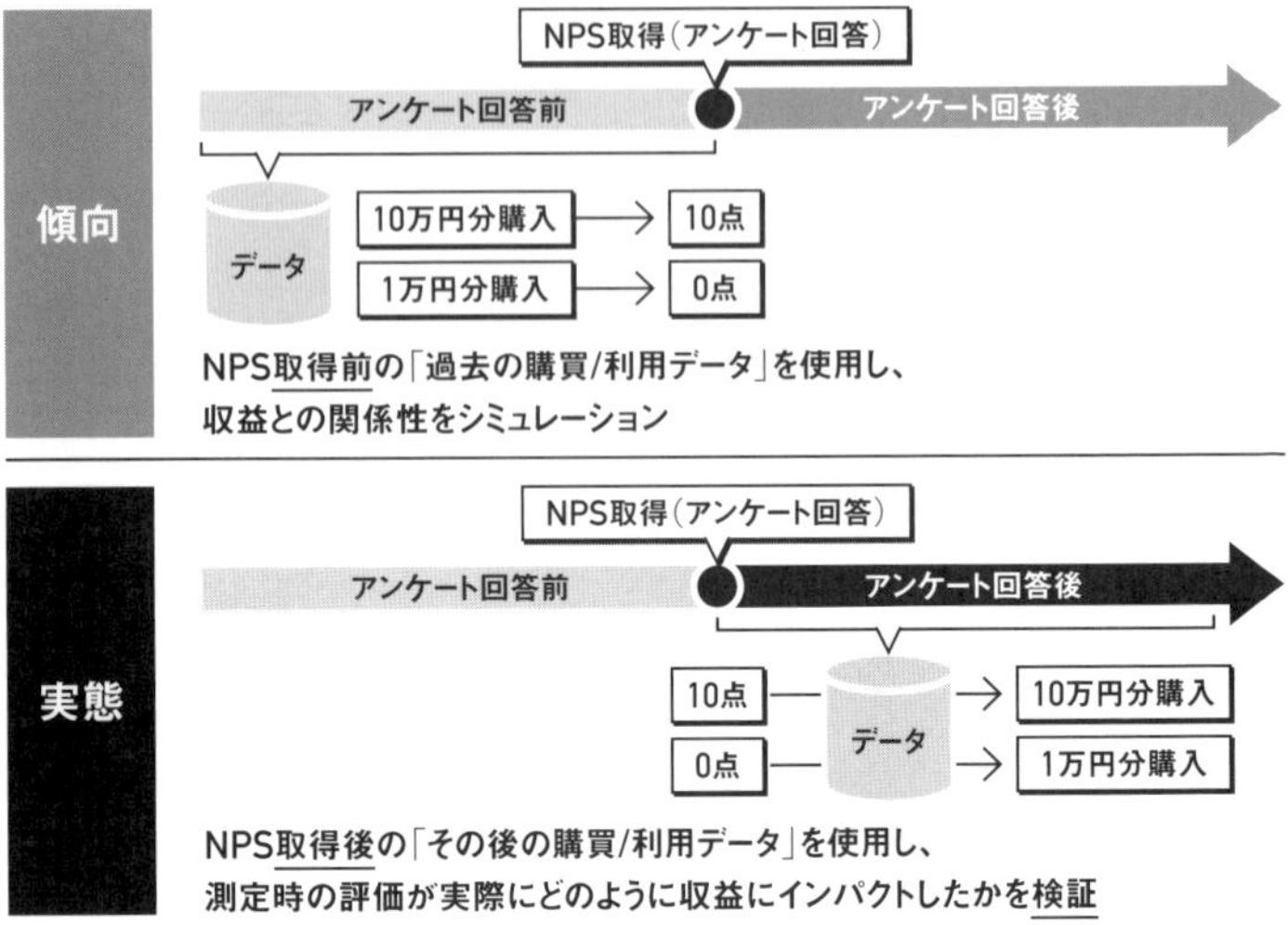

う。これによって、どのようなＮＰＳ評価の人が過去にどれくらいお金を使ってくれているかがリアルに分かるうえ、ＮＰＳスコアが１点上がれば収益がどのくらい増えるかもシミュレーションができます。「ＮＰＳは収益と相関があります」という単純な説明ではなく、例えば「ＮＰＳのスコアが１点上がれば、平均の月額使用額が６万円上がります」など、自社の実際のデータを見せることで経営層の理解を得られます。

続いて、ＮＰＳ調査で高いスコアをつけた人、低いスコアをつけた人が、その後どの程度お金を使ったかを追跡調査してシミュレーションの確実性を証明すれば、経営層はスコアの向上が収益を増加させることにも納得するでしょう。さらに、NPSを向上させる、つまり収益を向上させるにはどの顧客体験を改善するべきなのかにも強い関心を抱くようになるはずです。

NPSと収益性の関連を分かりやすく示すことで、CXチームは経営層の後押しを受けてNPS調査に取り組めるようになるのです。

【ルール2】リアルな声に触れてもらう

経営層がNPS調査に関心を示さない場合、その原因は〝顧客不満の納得不足〟にあることがあります。本来であれば、経営層こそ事業の社会的意義を深く理解し、一人でも多くの顧客に喜んでもらうことに重点を置いているはずです。しかし、顧客との距離が遠くなってしまっているがために、顧客がどれほど不満を抱えているのか、改善されるべき課題によって顧客がどれほど困っているかを理解できずにいる場合があります。

現場は課題を認識しているが、解決のための十分な時間と予算がないというケースも珍しくありません。現場やCXチームがその実態を直接、経営層に伝えてもなかなか思うような反応を得られないこともあります。これでは現場のモチベーションを下げるだけでなく、顧客離れの原因ともなります。

【図5-C】 ネガティブな声の方が刺さりやすい

フリーコメントの読み込み
役員全員でフリーコメントを読み込む

直接顧客と触れ合う
顧客からの電話に出る
顧客が集まるイベントに行き、声を聞く

インタビューの動画を見る
グループインタビューの動画を見る

インターネット調査をする
批判的な声が集まりやすい
他社との違いが分かる

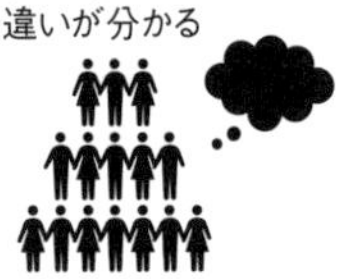

そこで、経営層には、〝顧客の声〟を直接聞く機会を設けます。

この場合に重要なのは、数値としてまとめられたデータだけではなく、リアルな声である方がよいということです。アンケート調査など、データ上では9割が満足していて残り1割だけが不満を占めているような場合、経営層は9割の部分に目が行きがちです。しかし、1割のなかには、「不満を感じるのももっともだ」と認めざるを得ない声も実際多くあります。経営層がそうしたネガティブな声に触れることは、ある種のショック療法となり、改善のきっかけになります。

ネガティブなリアルの声は、NPS調査

と同時に集めることもできますが、他の方法もあります。例えば、グループインタビューの様子を撮影し、ネガティブなコメントだけを編集した動画を見てもらうというのは有効な方法です。リアリティのある動画だからこそ、より強いインパクトを与えます。

インターネットなどでフリーコメントを集める場合には、外部の調査機関を使い、競合他社と横並びでの調査をするといいでしょう。比較対象があることで「この点がこの会社に劣る」など、より率直な顧客の声が聞けるからです。

特にネット系のビジネスを行っている企業の場合は、顧客の集まるイベントを企画し、そこに経営層も参加して率直な意見を直接聞く場を設けるのもいいでしょう。顧客の側も、現場スタッフには遠慮して伝えないようなことでも、相手が経営層であれば本音を語ることもあります。

このようにしてリアルでネガティブな声を届けることで、経営層には現状維持では不十分だという危機感が生まれます。

現場の協力を得るルール

【ルール3】不安を持たせない

CXチームが「顧客の推奨度に関する調査をします」と社内に宣言したなら、顧客との接点となっている現場は間違いなく「自分たちが評価されるのか」と不安を抱きます。

しかし、NPS調査の目的はNPSの向上を通じての収益の向上であり、NPSを向上させることは、各現場のKPI（部門目標）を向上させることでもあります。つまりCXチームは現場に対してNPS調査の目的を繰り返し伝えることで、正しく理解してもらう必要があります。

そもそも現場は、毎日のように多様な顧客と接しながら自ら課題を見つけ、改善にいそしんでいます。しかし、人手や予算の不足、自分たちのKPIの向上に何が直結するのかが分かりにくいなどの理由で、効率の良い施策を実行できずにいます。顧客体験を上げたいという強い思いを人一倍持っているのが現場なので、CXチームはそのことに理解と敬意を示したうえで、NPS調査とその分析は顧客体験向上に必要なものであることを伝えるべきでしょう。顧客との距離が近い現場のメンバーは、顧客からの不満やクレームに悩まされる一方、顧客を喜ばせることにやりがいを感じやすい環境であると言えます。顧客の体験を良くすることが、自分たちの業績に返ってくることに加えて、自身が推奨できる、誇りに思えるサービスにしていく姿勢を共有しましょう。

また、NPS調査の結果を人事評価に反映させないこともあらかじめ明言しておいた方がいいでしょう。もちろん、NPSを各人の人事評価に活用し、CXを追求することにインセンティブをもたせる制度設計は可能です。ただし、どれだけ優秀な従業員を多く抱えていたとしても、CXに取り組む価値を各従業員が理解しきれていない状態だとうまくいきません。いきなり人事評価に落とし込まれても、現場の従業員は意義を理解することができず、「常連客にだけ回答を促す」「良い評価をしてくれと顧客に頼む」などの無意味な活動に終始してしまう失敗例が後を絶たないからです。

確かに、NPS調査を行えば、事業所や店舗、さらには一人ひとりの従業員ごとに分析を行い、それを基に成績をつけることも簡単です。どの店が顧客から推奨されているか、その理由は何か、その店の従業員のうち誰が推奨度の押し上げに貢献しているか、逆に足を引っ張っているかも、数値化しようとすれば簡単にできます。

しかし、そうした評価は現場から歓迎されず、なおかつＮＰＳ調査の本来の目的からも外れるものです。ＮＰＳ調査の結果を基に現場や従業員にペナルティを与えることは避け、評価とは接続しないことをはっきりと事前に伝えるべきです。そうすることで、現場の不安を取り除くことができます。

【ルール４】データを共有する

ＣＸチームは、ＮＰＳ調査の結果を分析し、どのように受け止めるべきかを分かりやすくしたうえで、現場にも速やかに情報共有します。調査を行ったら、その結果をすぐに知りたいのは経営層ばかりではなく現場も同じ。ＣＸチームはそのニーズに応える必要があるのです。調査結果を現場にフィードバックしないのは、不信感の原因になるだけでなく、せっかくの改善のきっかけを喪失することにもなります。

理想的なのは、現場の責任者にシステムへのアクセス権限を与え、時間のあるときにいつでもデータを参照できるようにすることです。場合によっては、接客したばかりの顧客の回答を見ることで、直後の振り返りが可能になります。

また、アラート機能を活用し、ポジティブなコメントが寄せられたらすぐにそれを現場間で共有してモチベーションの向上につなげることもできます。ここで重要なのはクレーム対応を行うためのネガティブなコメントだけでなく、ポジティブなコメントも共有することです。ルール2で記したように経営層には危機感を共有するためにネガティブなコメント、そして現場にはモチベーションの維持向上のためにポジティブなコメントを、なるべく早く共有できる仕組みが必要なのです。

システムへのアクセス権限を現場に与えるほかには、社内掲示板や社内新聞などで情報を共有する、現場ごとに分かりやすいレポートを作って配布するといった方法もあります。それまでシステムに触れてこなかった現場スタッフには、まずはこういった形で情報共有をするといいでしょう。

コメント以外のデータを共有するにあたっては、そのデータをどう読み解くべきか、どのような行動に反映させるべきかなども、分かりやすく伝えます。例えばNPSスコアが20だとして、その数字は他の現場や前回調査時と比べて高いのか低いのかといった説明を加えた方が分かりやすいでしょう。また、そのスコアに大きく影響している顧客体験が仮に接客であったなら、単に「接客が重要だ」と伝えるのではなく、接客のうち「言葉遣い」「親身さ」などのうちのどの要素を重視すべきかなどを具体的に説明すると、すぐに行動への反映が期待できます。

【ルール5】成功事例を生み出す

NPSの調査結果を受けて現場が工夫をし、それがNPSの向上とその先の収益の改善につながったのなら、その取り組みを成功事例として全社に周知します。それが取り組みの意義への理解を深め、各現場の底上げにつながるからです。

こうした「正のスパイラル」の起点になるのは現場の創意工夫です。トップダウンで画一的な改善方法を指示し、現場がそれに従うだけであれば成功事例は生まれません。各現場が様々に試行錯誤をこらした中から成功事例が生まれるのです。

ルール4のように「データを共有する」際には、こうした成功事例を意識して各現場に情報を提供します。現場発の施策でNPSを大幅に上げた店舗があれば、具体的な方法に加えてどの程度収益を上げたかを試算して全社に情報共有するのです。企業によってはNPSを大幅に向上させたチームや、顧客体験の改善に関して真摯に取り組んだチームを表彰するケースもあります。

すると、経営層はNPS調査の意義をより深く理解し、他の現場はどうすればNPSを上げられるのかについての具体的なノウハウや、自分の現場に置き換えた場合のヒントを得られます。さらに成功事例を生み出した現場のモチベーションも上がります。

顧客を巻き込むルール

[ルール6]調査結果や改善行動を周知する

NPSは継続して調査を続け、変化を追うことでその効果を最大限に発揮します。つまり、顧客には調査に協力し続けてもらう必要があるということです。より多くの顧客から協力を得るために、割引やポイントプレゼントなどのインセンティブを用意すれば、顧客の「頭の満足」につながるでしょう。

しかし、アンケートなどに協力する顧客は「心の満足」も実は求めています。具体的には、指摘した点が改善されたり新たな接点が設けられたりするのを自身が実感することで、ロイヤルティを高めるのです。また、指摘を単に解決するのではなく、改善したという事実をサイトなどで広報することも重要です。指摘してくれた顧客を含め、多くの人に伝えることで、「顧客のための改善を怠らない企業」というイメージの醸成にもつながります。顧客の声を聞き、改善を行う姿勢が顧客に認められれば、回答率が自然と上昇してくるため、回答を集めることに苦労することも少なくなります。

また、NPSの調査終了画面でコールセンターへの電話を呼びかけたり、コメントへの返答を求めるかどうかを尋ねたりという、新たな接点の設置も重要です。特に、低いスコアを付けたりネガティブなコメントをしたりした顧客に対して早い段階で行う個別対応（クローズドループ）は、顧客の離脱やネガティブな口コミの伝搬の予防にもつながります。CXチームは、顧客に調査協力を仰ぐだけでなく、その調査の成果を示すことも常に念頭に置くべきなのです。

【ルール7】常に声を聞き続ける

NPSには、「たった一つの究極の質問」といったイメージが付きまといますが、実際にはカスタマージャーニーに沿ったいくつもの質問が付随します。たった一度の調査で顧客のニーズを把握しようとすれば、聞きたいことを詰め込み、回答するのに大きな負荷がかかる調査になってしまうことがあります。調査を複数回に分けていくことで、顧客にとって重要な体験が何かをその都度把握し、体験を詳細に知るための調査を重ねていきます。そうすることで、変化が生まれ、顧客を飽きさせずに調査ができるだけでなく、日々注目しなければいけないポイントがどこかを明確にできるようになります。顧客にとって重要な項目について聞き続けている調査こそ、真に有効な調査だと言えます。

また定常的に調査を行うことは、顧客がアンケートに回答しやすいタイミングで調査を行うことにもなります。商品を利用した直後やサービスの利用開始をした直後にアンケートを実施すれば、顧客も回答しやすく、出来事を詳細に覚えているため正確なデータも得やすくなります。

顧客が協力してくれなければＮＰＳ調査は行えません。ルール6と同様、この企業の調査には協力する甲斐があると思ってもらい続ける努力が必要です。

第6章

良質な顧客体験を生み出すのはエンゲージメントが高い組織

CXとEX

CSが注目されたころ、ほどなくしてESにも脚光が当たるようになりました。

ここで言うESとは、「エンプロイーサティスファクション」の略で、日本語で言えば「従業員満足度」です。これは、従業員の会社に対する満足度が高い企業ほど一体感が生まれ、持続的な成長が可能になる。したがって、顧客の満足度もさることながら、従業員の満足度を上げるべきだ、という考え方です。

これまで、多くの企業がESの向上のため、勤続年数に応じた特別休暇を用意したり、上司と部下の対話の時間を設けたり、社内アワードを用意して表彰したりしてきました。福利厚生という言葉でくくられる範囲を超えて、社員食堂を無料にしたり社内に託児施設を作ったりする企業もあります。部署の垣根を越えた交流の場を設ける、社員旅行や社内運動会を復活させるなど、様々なアイデアを実行に移す企業もあります。

こうした会社の施策に従業員が満足し、モチベーションを高めて働くようになると、それが接客や商品・サービスを通じて顧客にも伝わり、CSも上がることが期待できます。

反対に、従業員がCSの高さを感じ取ってそれを誇りに感じ、顧客の期待に応えようとして働くことがESを高めることもあるでしょう。

雰囲気のいい職場は業績が良く、雰囲気の悪い職場は業績が悪い。業績の良い職場は雰囲気が良く、業績の悪い職場は雰囲気が悪い。どちらとも言えます。CSとESは、卵とニワトリのような関係にあるのです。

このCSとES、そして企業収益の因果関係を説明するフレームワークは、これまでもサービス業において検証されており、その一つに「サービス・プロフィット・チェーン」と呼ばれるものがあります。サービス・プロフィット・チェーンは1994年にハーバード大学のビジネススクールの教授であるHeskett氏とSasser氏が中心となって発表した概念で、要約すると従業員の満足度はサービスの品質に関わり、その品質が向上すれば、顧客の満足度、そしてその先にある売上や利益の成長につながるという考え方です。サービス・プロフィット・チェーンが発表された「Putting the Service-Profit Chain to Work」というハーバード・ビジネス・レビューの論考では、大手ファストフードチェーンの「Taco Bell」において、離職率が下位20％の店舗は上位20％の店舗に対し売上が2倍、利益が55％高かったことが報告されています。

日本でもあるホテルを対象に6年間追跡調査を行い同モデルを検証した事例があります（鈴木、2014）。このケースでは、財務業績の代替指標を「稼働可能客室当たり粗利益」とおいた上で、従業員満足度とサービスの質、顧客満足度、財務業績の関係を分析しました。その結果、従業員満足度はサービスの品質、サービスの品質は顧客満足度、顧客満足度は財務業績に影響を与えていることが示されサービス・プロフィット・チェーンのモデルが日本でも成立していることが分かりました。

CXとEX（エンプロイーエクスペリエンス）も同じような関係にあります。そのエンプロイーエクスペリエンスを定量的に測定するのが「eNPS」です。

eNPSとは、「エンプロイー・ネット・プロモーター・スコア」の略です。このスコアは、従業員が「親しい知人や友人に、今自分が働いている職場で働くことをすすめるか」を、11段階で聞いた回答から得られる数字です。つまり、従業員を対象としたNPSということです。調査時には、そうしたメインとなる第1の質問の他、エンプロイーエクスペリエンス、つまり「仕事のやりがい」や「職場の人間関係」「有給休暇の取りやすさ」などについても尋ね、どの従業員体験がeNPSに大きく影響しているかを知ることができるので、必要な施策をすぐに講じ、実行することができます。また、NPSが顧客

【図6-A】 Emoployee Tech 画面

の購買行動と相関するように、eNPSは離職率の低さ、生産性の高さに相関があるとされています。

このeNPSは、NPSを導入済みだった米アップルが、従業員のマネジメントにNPSを活用しようとして生まれたものとされています。既に多くの企業が、このeNPSを使って、労働環境の改善と従業員のモチベーション向上、そして、収益の増加に取り組んでいます。

私たちエモーションテックでも、eNPSの調査と分析、そして管理に適したクラウドシステム「Employee Tech」を開発、運用しています。

eNPSが求められる時代

企業はかねてから、従業員の労働環境の改善に努めてきました。CS、CXを重視する企業はそうした言葉が誕生する前から存在していました。ただ、現代はその労働環境が変化するスピード以上に、周辺環境が急速に変わっています。

まず日本では、少子高齢化が進み、労働力が減少していくことは確実です。2030年には日本の総人口は約1億1912万人まで減少するだけでなく、そのうちの約3割に当たる約3700万人が65歳以上の高齢者、つまり3人に1人が高齢者となります。その2030年には労働力を主に支える生産年齢人口（15歳から64歳の人口）は、2015年の約7700万人から約6900万人まで減少します。労働の担い手が単純計算で800万人いなくなるのです。

既に2009年を境に、完全失業率は下がり、有効求人倍率は上がり続けています。新卒採用も〝売り手市場〟が続き、2019年時点で、人材確保に苦しんでいる企業は少なくありません。

こうしたなかで、今一緒に働いている従業員にモチベーション高く、より長く働いてもらうとする取り組みが盛んになり、近年日本では「従業員エンゲージメント」に注目が集まっています。

従業員エンゲージメントの定義として確立されているものは多くはありませんが、1990年にボストン大学心理学教授であったウィリアム・カーン氏が論文の中で、「社員が仕事に対して肉体的・心理的にも、感情的に打ち込むこと」と定義をしています。近年では、シャック氏などの定義では「認知、感情、行動エネルギーが引き起こす組織と仕事に対しての前向きで活動的な心理」とされています。

共通しているのは、感情的や活動的な心理とあるように、「従業員の感情」や「企業とのつながり」について着目している点です。eNPSは職場に対する推奨度という観点で、この従業員エンゲージメントを数値化するものだと言えるでしょう。

日本では人不足が深刻化するにつれ、新しい採用の形にも注目が集まっています。リファラル採用（従業員の紹介による採用）です。かつての縁故採用と似ていますが、キャスティングボート（決定権）が採用される側にあることが大きく異なります。

採用する側にもメリットがあります。まず、社風や文化を理解した人材を、転職エージェントなどに依頼せず低コストで獲得できます。さらに採用時のミスマッチを減らせるので離職も防げるうえ、積極的な転職活動をしていない優秀な人材も確保できるのです。

しかし、こうしたメリットを享受できるのは、採用される側にとって魅力的な社風や文化を持っている企業や、親しい知人や友人に胸を張って「うちの会社で働くといいよ」とすすめる従業員がいる企業だけです。eNPSの低い、批判者だらけの企業は、リファラル採用によるメリットを受けられません。

また、多くの企業にとって、自社にいる優秀な人材の流出を防ぐことは、新しい優秀な人材の採用と同じくらい重要です。日々のマンパワーが足りなくなるだけでなく、ノウハウやスキルが継承できなくなってしまいます。

eNPS調査を行うことでこうした課題にも対策が打てます。どのような要因がeNPSを引き下げているかが分かるので、改善策を考慮できるのです。当たり前のことのようですが、これは非常に大きな意味を持ちます。何らかの不満を抱えて退職する人にその理由を尋ねても、「一身上の都合」などとして正直に理由を話すとは限らないからです。

また、eNPSは従業員一人ひとりについて調査できるので、業績に貢献しているいわゆるハイパフォーマーのエンゲージメントや、それを決定づけている要因を把握すること

【図6-B】eNPSとパフォーマンスを掛け合わせたセグメント分

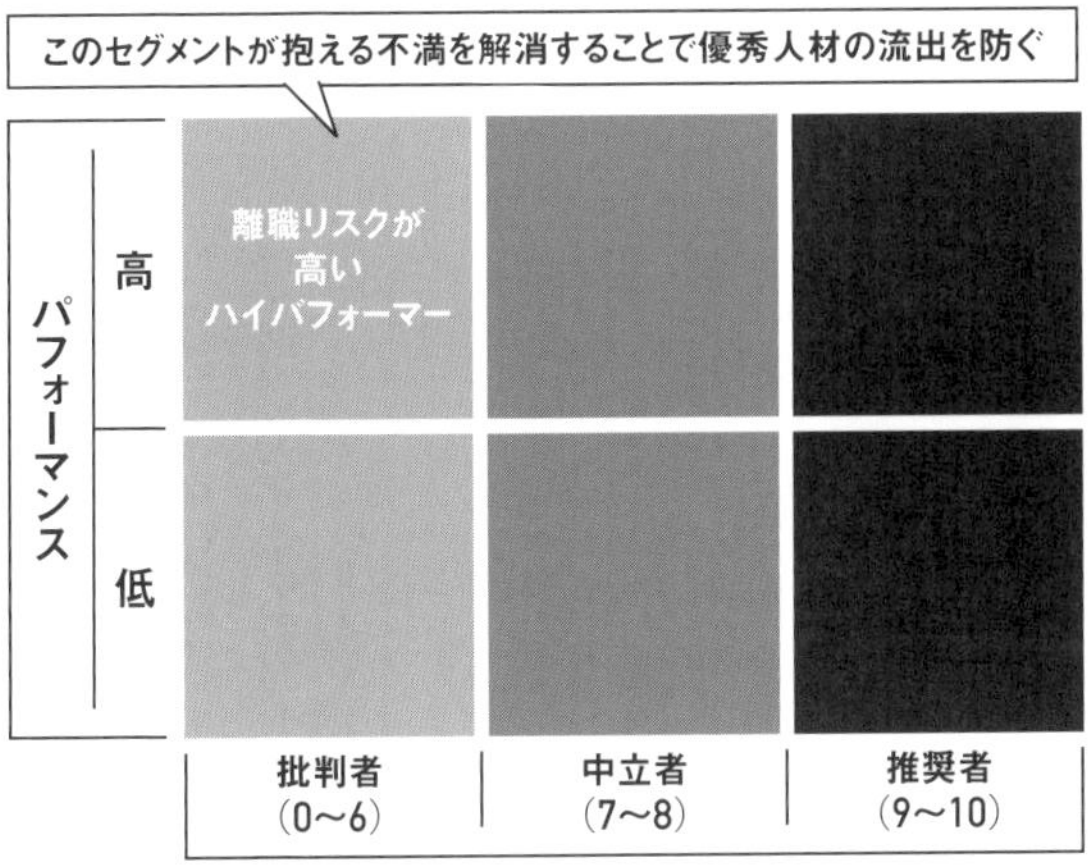

も可能です。理想は、あらゆる従業員が辞めていかない環境を整えることですが、ハイパフォーマーの離職リスク低減を優先的に、定量的なデータに基づいて取り組むこともできるのです。

ｅＮＰＳは、生産性とも密接に関係しています。日本は生産性の低い国だといわれます。日本の時間当たり労働生産性はＯＥＣＤ加盟の36カ国中20位で、日本の1人当たり労働生産性は同じく21位です。Ｇ７加盟国で比較すると47年連続で最下位に甘んじています。

その理由は様々に分析されており、無駄で非効率な働き方が常態化しているためだと指摘する声もあります。昨今、叫ばれている働き方改革はそうした無駄や非効率を排除するためのものでもあるでしょう。しかし、それらとは異なるアプローチで生産性を上げることも可能です。それがeNPSを上げることです。

NPSとeNPSは両輪をなす

「以前よりも離職率が高くなり、採用コストが上がっている」

こんな課題を抱えた大手小売業がありました。退職者にはその理由をヒアリングしていましたが、聞こえてくるのは「クレーム対応ばかりだから」「仕事にやりがいを感じられない」という声。もちろん、クレームを減らせればいいのですが、できることには限界があります。そこでこの企業ではeNPSを調査し、数ある従業員体験のうち、何が推奨度に大きく影響しているのかを調査することにしました。

すると、「仕事にやりがいを感じられない」という評価は、「商品知識が十分でない」ということに大きく影響されていることが分かりました。これは意外な発見です。従業員は、来店する客の役に立ちたいと思っているのにもかかわらず、商品やサービスについて十分

【図6-C】ある大手小売業の事例

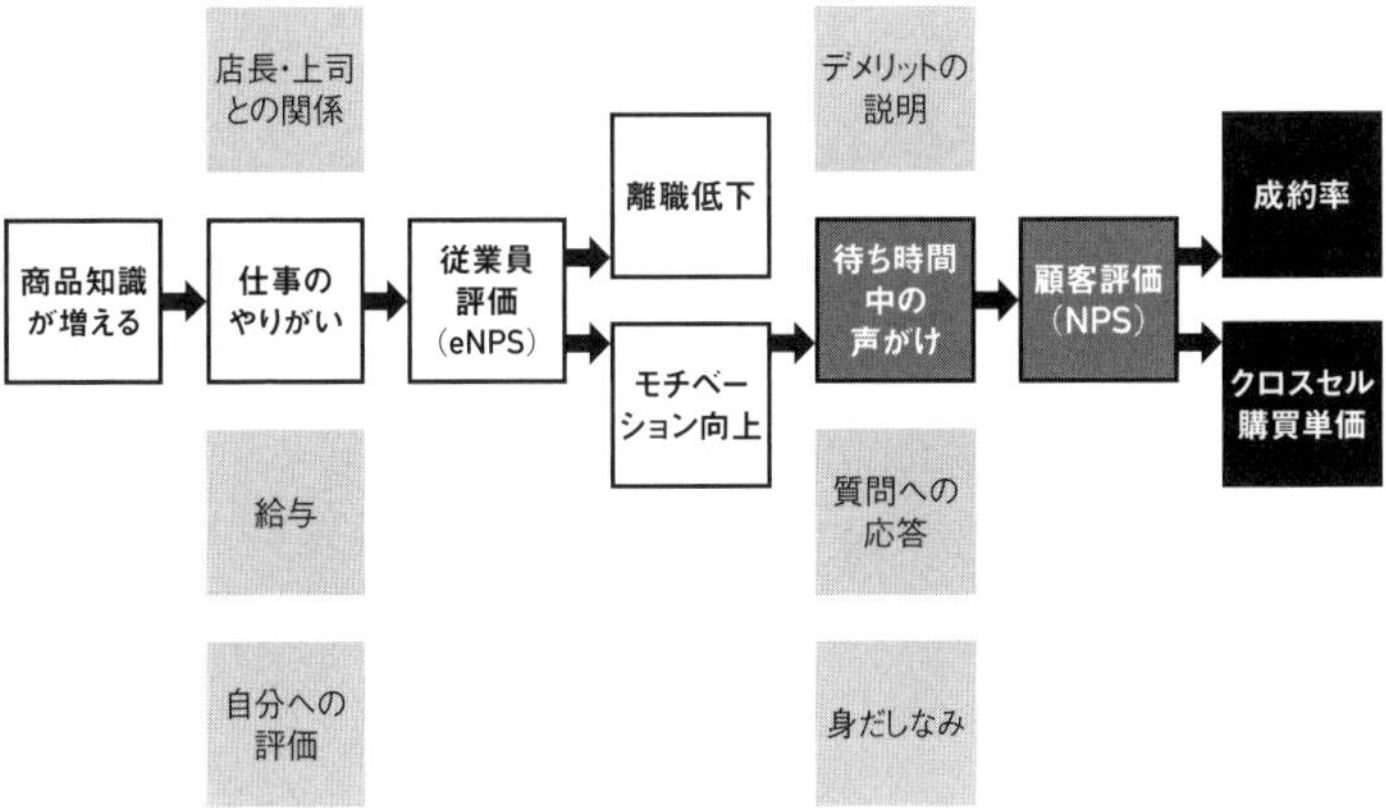

な説明ができず、そこで抱える気持ちが「やりがいを感じられない」という言葉で表現されていたのです。

この会社ではすぐに、従業員を対象にした商品やサービスについての研修を始めました。すると、短期間のうちにeNPSが25％も改善したのです。知識を得たので余裕を持って接客ができるようになり、モチベーションが上がった結果、順番待ちをしている顧客に声をかけることもできるようになりました。

この会社では結果としてNPSも増加し、成約率も向上しました。

この先、成約率の向上による収益の向上が、従業員に職場環境の改善という形で還

【図6-D】CXとEXは両輪をなし、事業を成長させる

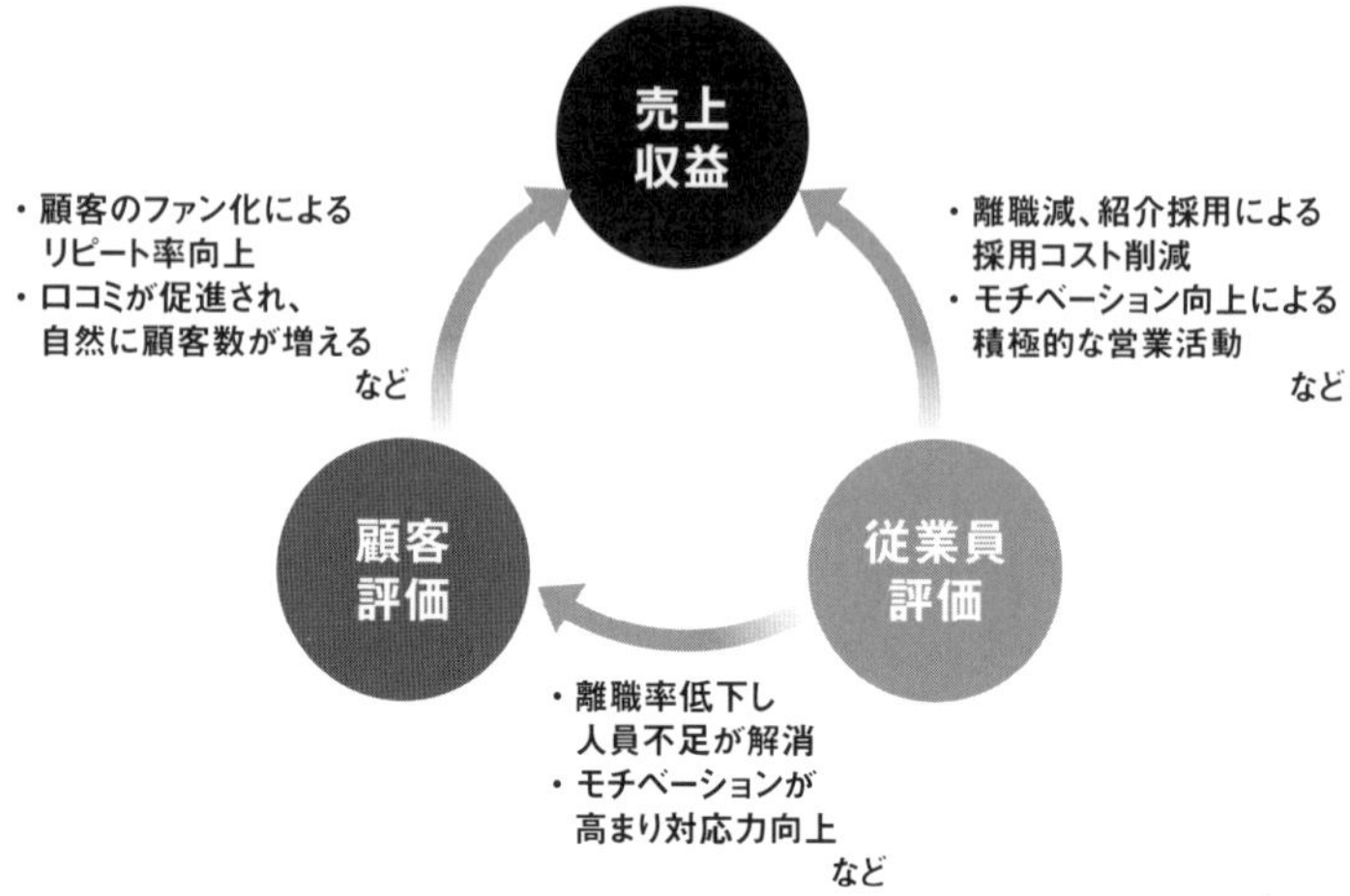
売上
収益
・顧客のファン化による
リピート率向上
・口コミが促進され、
自然に顧客数が増える
など
・離職減、紹介採用による
採用コスト削減
・モチベーション向上による
積極的な営業活動
など
顧客
評価
従業員
評価
・離職率低下し
人員不足が解消
・モチベーションが
高まり対応力向上
など

元されればモチベーションはますます上がり、離職率は下がることが期待できます。また、こうした改善に積極的に取り組む職場は、従業員の目に「従業員を大事にする職場」だと映るでしょう。ｅＮＰＳを起点に、実に良い循環が生まれるのです。

もちろん、ＮＰＳの調査を続け、その数字を改善することが従業員のモチベーションにつながり、結果としてｅＮＰＳを向上させるケースもあります。前述したようにＮＰＳとｅＮＰＳは卵とニワトリのような関係ですが、確実に言えるのは互いに深く関連している「両輪」のような存在であるということです。

ＮＰＳから取り組むか、それともｅＮＰ

Sから取り組むかは、今現在の課題がどこにあるかによって決まるでしょう。しかし、この2つは無関係ではないので、短期的な収益構造と持続的な成長という目標の達成には、両方に同時に取り組むことが理想です。もしもNPSだけに取り組んでいると、そこから導かれる改善方針が、従業員に大きな負担となりeNPSを押し下げる可能性があります。経営陣が選ぶのは、NPSとeNPSを同時に押し上げる施策であるべきです。

第4章でリクルートキャリアのNPSへの取り組みを紹介しましたが、同社はキャリアアドバイザーを対象にeNPSの調査も行っています。NPS調査で手応えを得て、従業員満足度の指標にもeNPSを導入するという流れになりました。同社の場合は従業員を対象に、メインの質問を2つ用意しています。一つはNPSと同様、自社の「サービス」をすすめたいか、もうひとつは「自社で働くこと」をすすめたいかというものです。一般的にeNPS調査は後者を指します。次の項で紹介する物語コーポレーションの事例もそれに相当します。

物語コーポレーションの事例

物語コーポレーションは「焼肉きんぐ」や「丸源ラーメン」など飲食店を全国で展開する飲食チェーンです。1949年におでん店として愛知県豊橋市に創業した同社は次々に新業態を開発し、2008年にジャスダックに上場。2010年に東証2部に上場、2011年に東証一部に指定替えをするなどして急成長を遂げてきました。同社では、日々の営業のなかで顧客に対するNPS調査も実施していますが、顧客によりよいサービスを提供するためには、そのための組織づくりが重要だと考え、eNPS調査も定期的に行っています。ここでは、2018年4月に行った第1回目の調査の成果を紹介します。

パートやアルバイトも含めた従業員約1万人を対象にしたこの調査では、退職意向とeNPSに強い相関があることが分かりました。eNPSが高い従業員ほど、勤続意向も高いのです。長く働いてもらうには退職意向を継続意向に切り替える、つまりeNPSのスコアを向上させる必要があります。そこで、どのような従業員体験がeNPSに大きな影響を与えているかをまず分析し、取り組みやすさなどで優先順位を付けて改善することに

【図6-E】 eNPSと退職意向との関係

●推奨度と強い相関がみられ、店舗に対する推奨度（eNPS）を改善することで、退職抑止が見込まれる

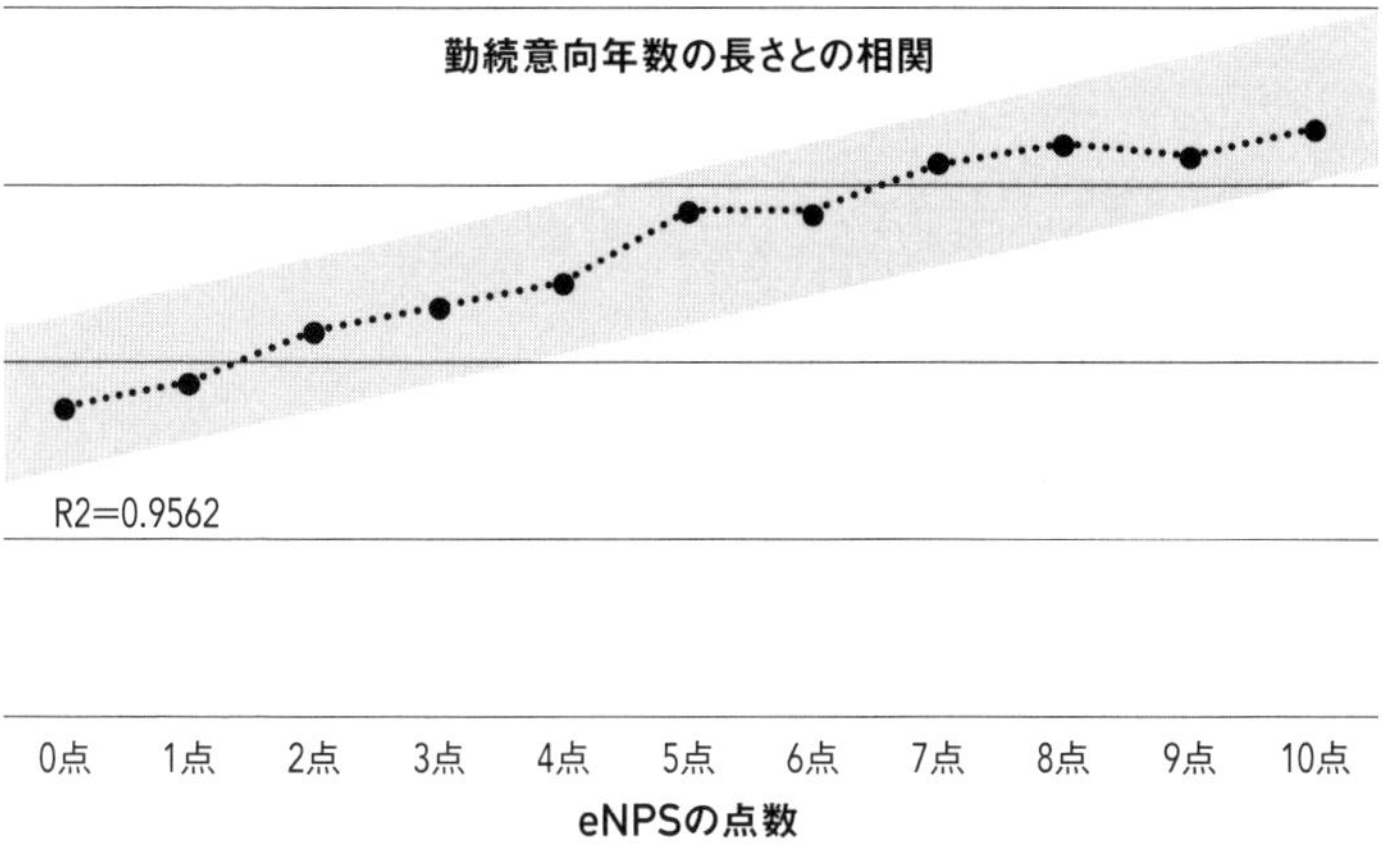

なりました。

分析に当たっては、従業員をベテラン（勤続年数2年以上）、中堅（2年未満3カ月以上）、新人（3カ月未満）に分類し、どのような従業員体験がeNPSを押し上げたり引き下げたりしているかを把握しようとしました。勤続期間によって、職場への期待や不満が異なることが予想され、したがって、取るべき方策も異なることが予想されるからです。

実際に、結果にも違いが生じました。ベテランの場合は上位から「社員の意識の高さ」「店舗の清潔さ」「公平公正な接し方」、中堅の場合は「収入・時給」「店舗の清潔さ」「ユニフォームの良さ」、新人の場合は

「収入・時給」「店舗の清潔さ」「店長のつくりたい店への共感」が継続意向に大きく影響するということが判明したのです。

これらのうち「収入・時給」や「ユニフォームの良さ」などは、本人の希望だけではすぐに変更できない項目です。しかし「社員の意識の高さ」や「公平公正な接し方」などは、各店舗の社員や従業員など現場レベルでも改善できる項目です。

では、具体的にどのように改善するのか。それは、ｅＮＰＳ調査と同時に集めたコメントを参照すれば把握できます。

「社員の意識の高さ」に関するコメントを分析すると、具体的にはパートやアルバイトの意見を聞くこと、問題点を共有すること、声をかけることなどが具体的な行動として浮かび上がってきました。同様に「公平公正な接し方」については、従業員間の摩擦の解消や、どういった行動が評価され、どういった行動は評価されないのか、基準の明確化を求める声が見えてきました。店長はこうした情報を参考に行動を改めたり、対応することで、同じ店で働くパートやアルバイトのｅＮＰＳ向上を図れます。

また、同社はさまざまな業態を持っています。そこで業態別のｅＮＰＳとそれを大きく左右する従業員体験も分析してみたところ、焼肉、和食、ラーメン、お好み焼きのそれぞれのブランドで最優先で改善すべき項目が異なることが分かりました。具体的な改善ポイントが個別に明確になるため、店長は迷わずに改善に取り組めるはずです。もちろん、店ごとにeNPSや優先すべき改善項目を示すこともできます。

このように各店長が現状を把握でき、改善ができるようになると、店の運営が属人性に依存しにくくなるというメリットがあります。

もちろん、どの店長も〝カリスマ店長〟と呼ばれるようなスーパー人材であれば、存分に属人性に頼ってもいいでしょう。しかし、店長の業務は多様で働き方改革が進めばますます使える時間が限られて多忙になることは目に見えています。そうした状況では、店舗運営にある程度の成功法則を見出しそれをアップデートし、店長に提供し続けるのは、本部の重要な仕事と言えます。

物語コーポレーションではこの初回の調査以降、定期的に調査を行い、店舗運営の改善とそれによるeNPSスコアの上昇を探究しています。本部と店長との間でも「eNPSを上げるために」などという会話が生まれています。

ちなみに、従業員がeNPS調査に際して使う時間は5分程度です。それまで行ってきた満足度調査の場合、約30分もかかり従業員に大きな負担をかけていました。こうした負担の少なさも、調査を継続するために重要なポイントです。

eNPSは属性別に分析してこそ意味がある

物語コーポレーションでは、eNPS調査の結果を勤続年数別に分析していますが、これには理由があります。

従業員の企業に対するエンゲージメントは、入社後しばらくすると一旦は下がるものの、そこで長く働けば働くほど高くなるものです。日本企業の場合は特にそのような傾向にあります。勤続年数が長くなれば、一般的に収入が上がり、権限が増え、役職が高くなっていきます。それによって、エンゲージメントは上がっていくのです。一方で、勤続年数がまだまだ短い段階では、職場の人間関係よりも仕事内容を重視する傾向にあります。

こうしたことから、eNPSを評価したり、分析したりするに当たっては、回答している従業員の勤続年数がどの程度であるかを注視する必要があります。

【図6-F】勤続期間別のロイヤルティ向上分析

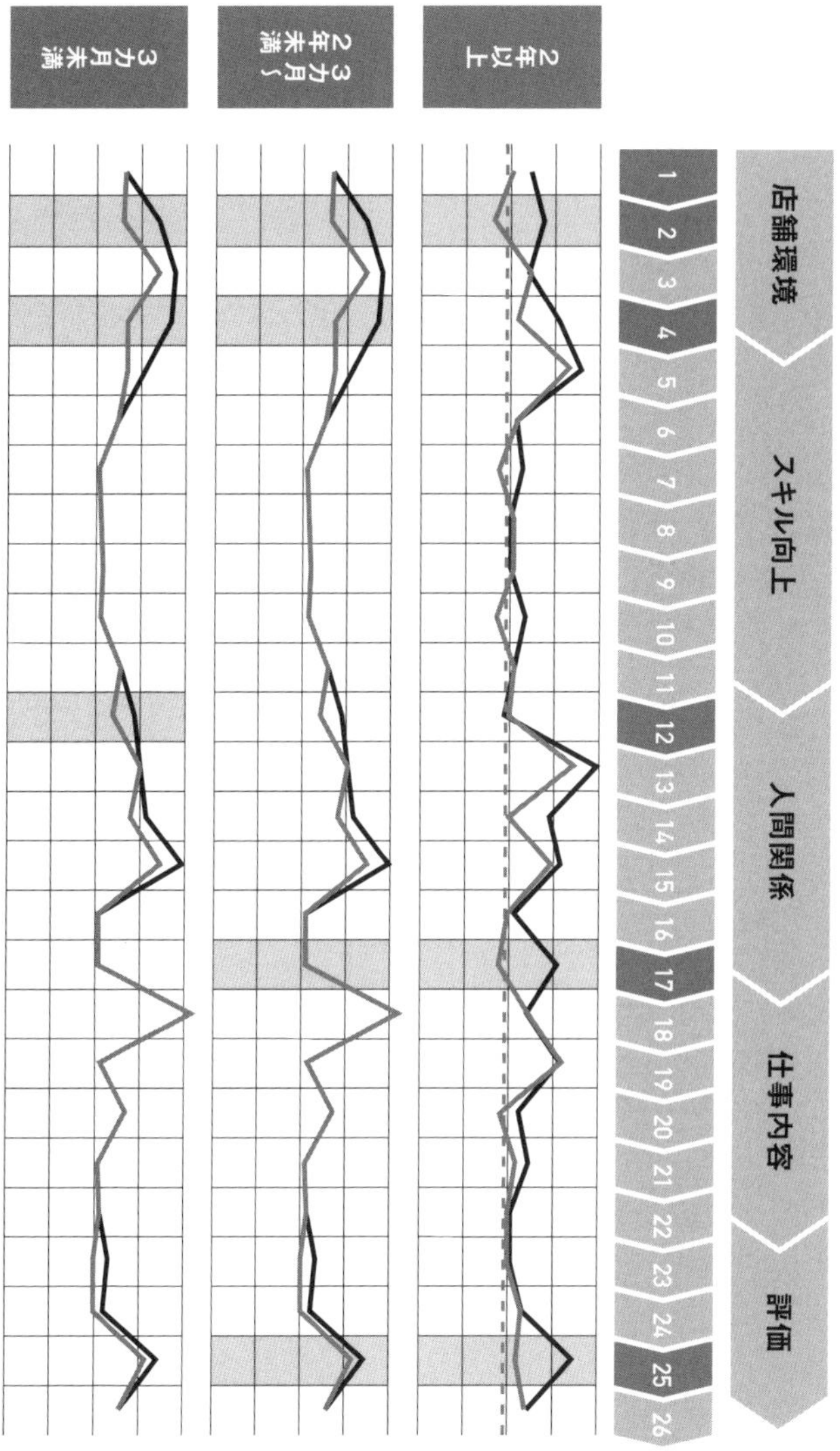

※上記分析の算出および表現方法は、株式会社Emotion Techが保有する特許技術(第6176813号)に基づく ©Emotion Tech Inc.

また、従業員が他社から転職してきたのか新卒入社であるのか。パートやアルバイトの場合も、主婦のように長期定着が期待できそうなのか、学生のように一定期間が過ぎたら卒業していきそうなのかによっても、違いが生じます。

改善のキーパーソンは現場のマネージャー

言うまでもなく、企業や個別の店舗に対するeNPSは、回答者一人ひとりのスコアの集合です。同じように働いている企業や店に対しても、高いスコアを付ける推奨者もいれば、低いスコアを付ける批判者もいるということです。物語コーポレーションの例の場合、回答した従業員は1万人以上いますから、本部が一人ひとりの声に直接応えるというのは現実的ではありません。全体として推奨者を増やし、批判者を減らすような大きな戦略を立てることになります。

しかし、調査結果を店レベルに落とし込んだときには、どういった属性の従業員は、どういった従業員体験を重視しているのかが個別に把握できます。つまり、個別の戦術が取れるということです。従業員が回答を行うと、店舗ごとに回答データが分析され、店長に届きます。店長はその結果を基に自身の店舗でどのような改善をするのかを考え、システムに入力します。そうすることで、事業責任者が各店舗でどのような改善が行われているかを的確に把握でき、場合によっては改善方法についてのアドバイスを行うことも可能になります。

さらに、店長は改善すべき課題について、従業員にもその情報をシェアします。そうすることで、店長だけが改善に努めるのではなく、お店全体で改善することができるようになり、より高いレベルでの活動が行われるようになるのです。

同社が展開する「焼肉きんぐ」ブランドの町田店では、ある時の調査で「成長が実感できない」「ハウスルール（店舗内のルール）が守られていない」という課題が判明しました。町田店ではそれぞれの課題に対して、ルールを再周知させる施策や身だしなみのチェックの実施、入社後の細かな目標設定などの実施を行い、従業員がモチベーション高く働ける状況づくりに励みました。またこの施策については、バックヤードと呼ばれる従業員の部屋に貼り出しを行い、全員が確認できる状態を整えました。

こうした従業員の職場環境改善の結果、同社では「売上が上がっている店舗はeNPS調査の結果に真剣に取り組んでいる」ことが分かり、今後も調査や分析を継続していくようです。

店長などのマネージャーには職場全体の健全な運営も求められますが、いつでもすべての従業員に対し、同じようなコミュニケーションを図っていればいいというわけでもありません。個々の従業員の属性やステータスから、企業や店舗への評価やそれを決定付けている従業員体験が具体的に分かっていれば、その時々にふさわしいコミュニケーションの方法を選べます。eNPS調査を行い、その結果を現場のマネージャーに共有するということは、現場の運用を柔軟にするのです。また、本部の側も、ある現場で有効だった施策を横展開する際、ふさわしい現場はどこかを、回答者の属性を基準に判断できます。

eNPSが組織を強くする

かつてはそろばんや電卓で行われていた仕事が90年代にパソコンでの仕事に置き換わり、2010年代後半には人の介在が最低限に抑えられたRPA（ロボティック・プロセス・オートメーション）へと移行が始まっています。ものを作る、運ぶなどといった作業も、ロボットへの置き換えが進んでいます。

こうした変化は、人々を単純作業や身体に負担をかける作業から解放するためのものではありません。単純作業を手放し、〝人にしかできない作業〟に集中させるためのものでもあるのです。

我々は、従業員満足度・従業員体験の向上のために何をすべきかを決めることも、人の手、特にマネージャーの手から解放すべき作業だと考えています。例えば店長のような現場のマネージャーには、その人にしかできない仕事が数多くあります。これまではそうした多忙なマネージャーに、組織課題の把握やモチベーションの向上なども任せてきたのが現状でしょう。

さらに、どのようなスタッフにはどのようなケアをすべきなのか、そもそもスタッフはどこに働きがいを感じ、何に不満を持っているのかといった情報収集や洞察もマネージャーのセンス頼みの部分が大きかったのではないでしょうか。

しかし、前述したように、そろばんがパソコンに変わり、さらにRPAへ移行したのはテクノロジーが進歩したからです。肉体労働をロボットに任せられるようにもなったのもテクノロジーの進歩のおかげです。もちろんデータに基づいた分析も、テクノロジーの得意とするところです。マネージャーはそうした分析結果を基に、時間と心に余裕を持ってスタッフとコミュニケーションをとることに集中するべきです。そうすれば、スタッフとの間のミスコミュニケーションを減らすことができ、エンゲージメントの向上が期待できます。

従業員のエンゲージメント向上はeNPSのスコアで可視化できるので、とってきた施策が正しかったかどうかをすぐ判断でき、修正も容易です。こうした試みを積み重ねることは、エンゲージメントの低下による離職、また、エンゲージメントの欠落による事故を防止できます。

SNSとスマホの普及により、店のバックヤードでの悪ふざけの様子をアルバイトが公開するなど、様々な炎上が相次いで発生しました。こうした炎上は、不適切な行為をし、それを面白がって公開してしまう若者のせいにされがちです。しかし、彼らがもし自分が働いている店にエンゲージメントを感じていれば、そういった行動は起こさないはずです。炎上は、若者のせいだけではなく、彼らの不満をすくい上げ、対応をしてこなかった店や企業の責任でもあります。従業員エンゲージメントの欠如による組織の弱体化は、経営問題とも言えます。

それにもかかわらず、eNPSの調査とそれに基づく改善に消極的な企業も存在します。そうした企業の経営者はみな、ある一つのことを恐れています。それは、不満をくみ上げても改善できず、結果的に従業員の不満や不信感をさらに増大させるのではないかというものです。しかし、例えば給与のようにすぐに対応することが難しい案件もありますが、じっくりと調査すれば今できる改善点も見つかるはずです。

従業員エンゲージメントの向上、そのために不可欠なeNPS調査は、これからの時代の企業の責務と言えます。

第7章

顧客体験、
従業員体験の可能性

顧客体験、従業員体験は継続して調べることに意味がある

ＮＰＳやｅＮＰＳは、同業他社との間でも比較・分析することもできますが、基本的には自社の変化を測るための数値です。スコアは前回調査時よりもどれだけ変化したか、その要因は何か、改善すべきは何か。そうしたことを常に見つけ続け、以前よりも良い状態に企業を持っていく。そのための数値です。

同業他社と比べたときに、ＮＰＳやｅＮＰＳのスコアが偶然同じになることがあるかもしれませんが、推奨者の割合や批判者の割合、さらにはスコアを決定付ける顧客体験や従業員体験までまったく同じになることはまずありません。そうした分析の結果をどのように生かすかは、それぞれの企業次第です。スコアの向上のための予算もプランもそれぞれです。ＮＰＳとｅＮＰＳのバランスを取るのか、ＮＰＳよりｅＮＰＳを重視するのかも、企業次第です。そうした違いが企業の個性を生み出します。ですから、一度の調査結果を同業他社と比較して一喜一憂するのではなく、定期的に調査を続け、変化を見落とさずに打てる手を打つというＰＤＣＡサイクルを回すべきです。注目すべきはスコアそのもので

はなく、その変化です。そして、その変化を追い続けることが、自社の状態を把握し続けることになります。

継続して顧客体験や従業員体験を計測していく、改善していくということは、顧客や従業員との「コミュニケーション」を取り続けていくことに他なりません。顧客や従業員が企業に対して思っていることを率直に伝え、企業がその想いに答え続けていくことは、一方向的な改善ではなく、双方向のコミュニケーションであるからです。

また、こうした体験価値向上といった取り組みが企業に根付いていくためには、各企業においてその有効性が証明され続けていく必要があります。NPS、eNPSの観点から言えば、「日本の文化的な特徴」を正確に捉え、顧客や従業員の本音を理解する努力が必要になります。

例えば、E.Meyer著の『The Culture Map』（2014）によれば、日本は世界的に見ても直接的な批判が言いにくく、かつ対立を避けがちな文化であると示されています。そのため、多くの商品やサービスに3段階評価なら2、5段階評価なら3をつけがちです。特にNPSでは真ん中の5点が批判者に分類されるため、NPSの高い海外の店舗と、NPSの低い国内の店舗に寄せられたコメントを見比べると、圧倒的に後者の方が顧客ロイヤルティが高いと判断できるケースも多々あります。つまり、国をまたいだスコアの比較は有効にならない可能性が高いと考えられます。

さらに、日本では「おもてなし」に代表されるように、人と人同士のコミュニケーションや情緒的な価値に重きを置く傾向にあります。Amazonのように、安く早く買い物ができる便利さだけでなく、同じ商品を購入した場合に「ブランケットを購入したら収納ポーチを一緒に送ってくれた」「楽器を買ったら調律してから送ってくれた」などの人の温かみを感じるサービスによっても、日本人が感じる体験価値は大きく左右されます。日本人を対象に感動を呼び起こす体験を追求する上では、このような情緒的価値は無視できないでしょう。

当然のことながら、日本で店舗を展開している企業がNPS調査を行った場合、その回答者が日本人であるか、外国人であるかによっても、スコアは異なります。その店が近隣住民のための店なのか、インバウンド向けの店なのかによって評価の仕方も対策のとり方も変わるということです。

NPS自体は海外で発案され、現在も世界中で活用されている指標です。直接的な満足度ではなく、他社への推奨度を計測する点や、推奨者と批判者に分けて両面の課題を解決

【図7-A】日本文化では直接的な批判を避ける

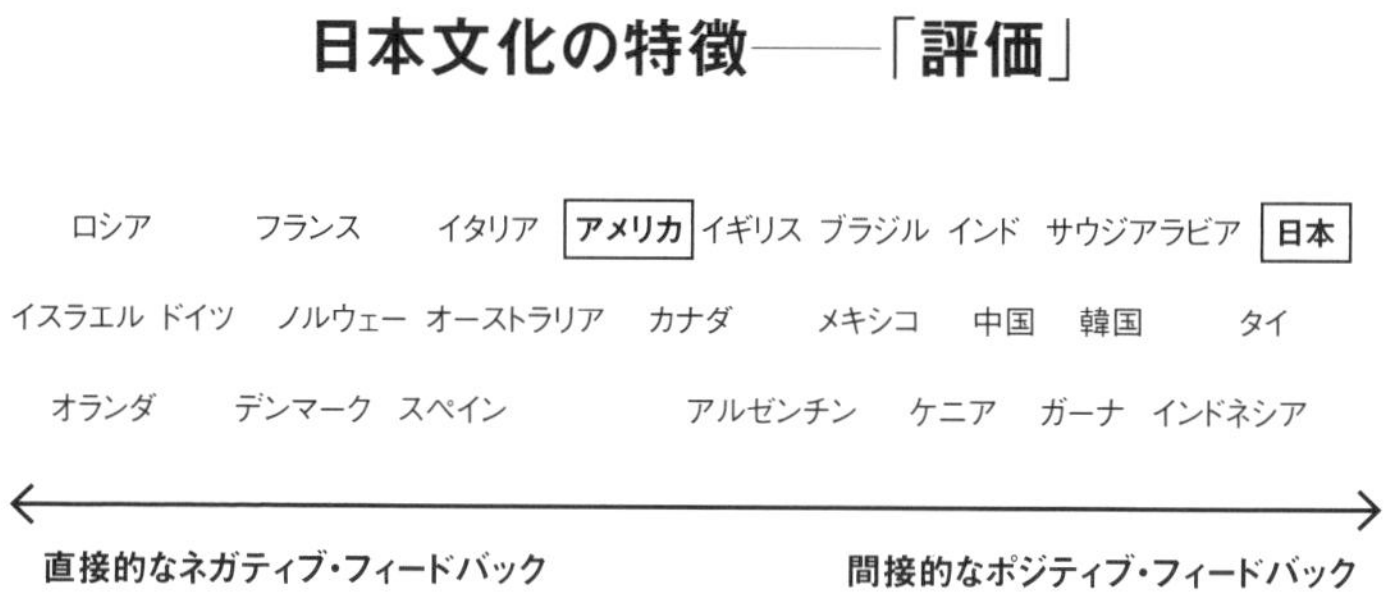

【図7-B】日本文化では対立を避ける

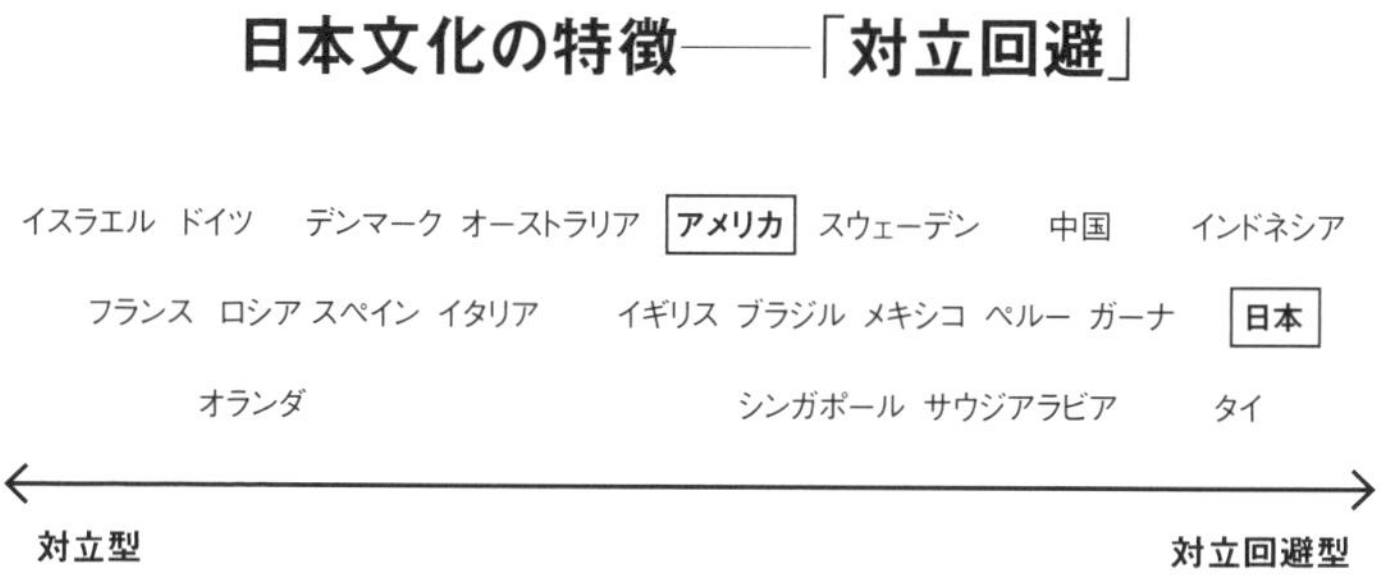

※「The Culture Map」(Erin Meyer　PublicAffairs　May 27 2014)をもとに図を作成

に導く点では、他の指標にはない非常に有効な指標であると考えています。そして、この他者への推奨度合いを聞く点は、直接的な批判が言いにくい日本文化にもある意味では適合していると考えています。一方で、中心化傾向がある日本文化によりフィットさせていくためには、活用の仕方を考えていく必要もあります。私たちエモーションテックは、日々どの様な形が最適かについて研究を重ねています。

まだまだ私案段階ではありますが、11段階で推奨度を調査するものの、「0」を付けたケースは計算に入れないということも検討していいのではないかと考えています。11段階で最低の「0」を選ぶというのはよほど最悪な体験をした、すぐにクロースドループを回さなければならない特殊なケースか、顧客体験にかかわらず、単にその企業が嫌いだという意思表示（アンチ）であるかのどちらかではないでしょうか。したがって、「0」が付いた場合は個別の検討及び対応を行うことにして、NPSの計算には含めないという方法も、検討の余地があると考えられます。

顧客体験、従業員体験は新しい共通言語になる

第5章で、本部と現場との間でNPSに関する話題が上るようになった企業の事例を紹介しましたが、まさにNPS、eNPSは本部と現場、また、現場と現場との間の新しい共通言語になり得ます。

本部と現場との間には乖離（かいり）が生じやすいものです。本部はあらゆる手段を講じて売上げと利益を伸ばしたいと思っていても、その手段によっては現場のモチベーションを下げたり、ブラック職場化させたりということもありますし、逆に、本部から目標として与えられた数字をどんな手を使ってでも達成しようと焦った現場がコンプライアンスに反するようなケースもあります。そしてそういった現場で働く従業員は得てしてモチベーションが低い状況にあります。

これらの不幸は、本部と現場との間の共通言語が売上げや利益といった経済的かつ明解な指標と、「お客様の満足度を高める」などといった曖昧な基準しかないことで生じます。

また、経済的に成長している企業の中には、長期的な視点に欠けていたり、独占的な立

場にあることにあぐらをかいて顧客に無理を強いたりして、短期的な売上げを強引に上げている企業もあります。

しかし、そうした〝悪い利益〟は持続性に欠けます。その理由は主に2つあります。

ひとつは、独占的な立場に立てる企業は、今後、グローバル化や新しい技術の進歩により、激しい競争にさらされ、独占的な地位を保つことが間違いなく難しくなります。

古くは国鉄や電電公社の民営化、比較的最近では労働者派遣事業の範囲拡大や通信・電気・ガスの自由化など規制緩和が進行しています。フィンテック、ヘルステックなどが話題になるのも、その市場に参入できなかった新興勢力が、新しいスダンダードをつくろうとしているからです。この流れが逆戻りすることはありません。従来は競争のなかった業界にも激しい競争が勃発しています。

こうした時代、それまでさほど努力しなくても売上げや利益が保証されていた企業は、あっという間にその座から転げ落ちてしまいます。独占的にビジネスができるからと顧客体験を重視せずに方針を変えない企業は顧客から選ばれなくなってしまうのです。

そしてもう一つは、そうした企業の存在は、ＳＮＳが発達した今の時代、またたく間に多くの人に共有されるということです。顧客対応をたった一度間違えただけでも、それが発信され〝炎上〟してしまうと、そうしたイメージを消し去るのには大変な時間とコストを要します。競争環境の激化とSNSの発展、この2つが続く限り〝悪い利益〟頼みで成長してきた企業は、早晩、市場からの撤退を余儀なくされます。

一方で、顧客満足の向上にばかり力を入れてしまうと企業としての存続が危うくなります。良い悪い以前に、利益を食いつぶしてしまうということです。

ここに、NPSやeNPSという指標が入ると状況は一変します。どちらも、売上げや利益と相関がある指標なので、これらを伸ばすことは会社の経済的成長に寄与します。一方で、顧客や従業員のロイヤルティも高めます。NPSやeNPSの向上を目指すことは、〝悪い利益〟の比率を下げ、〝良い利益〟の割合を増やすことでもあります。

NPSやeNPSを本部と現場の共通言語とし、その向上を共通の目標とすることは、本部にとっても現場にとっても最適解を共に目指すということです。

NPS、eNPSは新しい企業評価基準となる

２０１５年９月の国連サミットで「持続可能な開発目標」（ＳＤＧｓ：Sustainable Development Goals）が採択されてから、「ＥＳＧ投資」という言葉をよく目にするようになりました。ＥＳＧとは、環境（Environment）、社会（Social）、ガバナンス（Governance）の頭文字を並べた造語で、環境・社会・企業統治に配慮している企業に対して、優先的に行う投資をＥＳＧ投資と呼びます。日本でも２０１８年９月に、公的年金を運用する年金積立金管理運用独立行政法人（ＧＰＩＦ）が、温室効果ガスの削減に取り組む企業への重点的な投資を開始したと発表しました。こうした動きは今後、さらに広がっていくでしょう。

ここから言えるのは、どんなに利益率が高くても、どんなに経済的な成長が見込まれていても、ＥＳＧにそぐわない企業は市場から評価されないということです。

従来、金融機関の投資の基準は、過去の業績や今後の成長のポテンシャルなど、いずれにしても経済的なものでした。しかし、これからはそればかりではなくなっていくでしょ

う。どれだけ社会的に意義のあることをしようとしているかも評価の基準になるのです。

また近ごろは、「ソーシャルスコア」もたびたび話題になります。

これは、個人の過去の行動を基準に個人を格付けするという考え方です。これまで、例えばローンを組んだりクレジットカードを新たに作ったりしようとする個人は、どこの企業で何年くらい働いているかや、収入がどの程度あるかなど、数字を基準に可否を判断されていました。それに加え、または置き換わる形で、SNSでどのような人とつながっていてどのような発言をしたか、過去にネットでどのような買い物をしたかといった行動・体験を基に、ローンの金利やクレジットカードの限度額を決めるようになる。その基準となるのがソーシャルスコアです。

こうした大きな2つの変化から将来を予測すると、企業はどれだけ正しいことをしてきたか、どれだけ世の中のためになることをしようとしているかで評価されるようになっていくでしょう。

評価するのは、金融機関だけではありません。その企業の商品を買ったりサービスを利用したりする顧客、その企業で働いている人、働いてみようと検討している人も、そうした判断基準を取り入れるようになるということです。

NPSやeNPSは、調査時点のスコアそのものではなく、スコアがどのように変化してきたかで判断すべきものです。近い将来、様々な会社の信用情報として、NPSやeNPSの直近3年間の推移などが使われる可能性は十分にあります。大学の就職課などでも、企業選定の基準としてNPSやeNPSのスコアに言及することも出てくるでしょう。それが当たり前の世の中になってから、慌ててNPSやeNPS対策に着手しても周回遅れです。前述したとおり、既に米国ではフォーチュン500に選ばれている企業の35%がNPS調査を行っています。日本でも、NPS、そしてeNPSが新しい企業評価の基準になる日は、そう遠くないはずです。

NPS、eNPSはあらゆるものを評価する

NPSは、「ネット・プロモーター・スコア」の略です。企業そのものやその商品、サービスを推奨するかどうかの基準として使われるケースが大半ですが、しかし、企業以外

にこの基準が使えないわけではありません。

例えば、自治体もNPSを導入できます。

地方創生や2020年に向けた街づくりに取り組んでいる自治体は数多くあり、その中には、国から補助金や助成金を受けている自治体もあります。補助金や助成金は、ただ受けて使うというわけにはいかず、その成果が問われます。ただ、地方創生がこの程度できました、街づくりがここまで進みましたと定量的に示すのは、そう簡単ではありません。

そんな中で、京都市観光協会が発表した「平成30年（2018年）京都観光総合調査等を活用した京都観光の最新動向詳細分析結果」（2019年、京都市観光協会）では、京都観光への愛着度をNPSを用いて定量的に計測し、2013年から2018年にかけてどのように変化したかを日本人観光客と外国人観光客ごとに分析しています。

私たちは、そうした悩みを抱えている自治体の方々にもNPSを導入していただき、その支援を行っていきたいと考えており、秋田県にある大館市での、観光客に向けたNPS調査も実施をしました。大館市の観光客NPSは「6%」とその他の主要観光都市のNPS「マイナス9%」と比較しても、観光客から愛着を持たれていることが分かります。

またNPSは「またこのエリアを訪れたいと思いますか？」という質問との関連性も強

【図7-B】 大館市の観光客による意向と推奨度の関係

●推奨度が高いほど再訪意向スコアが上昇し、9点・10点では「6：そう思う」を大きく上回る。逆に、5点以下である場合は「5：ややそう思う」を下回り、再訪の可能性が低い

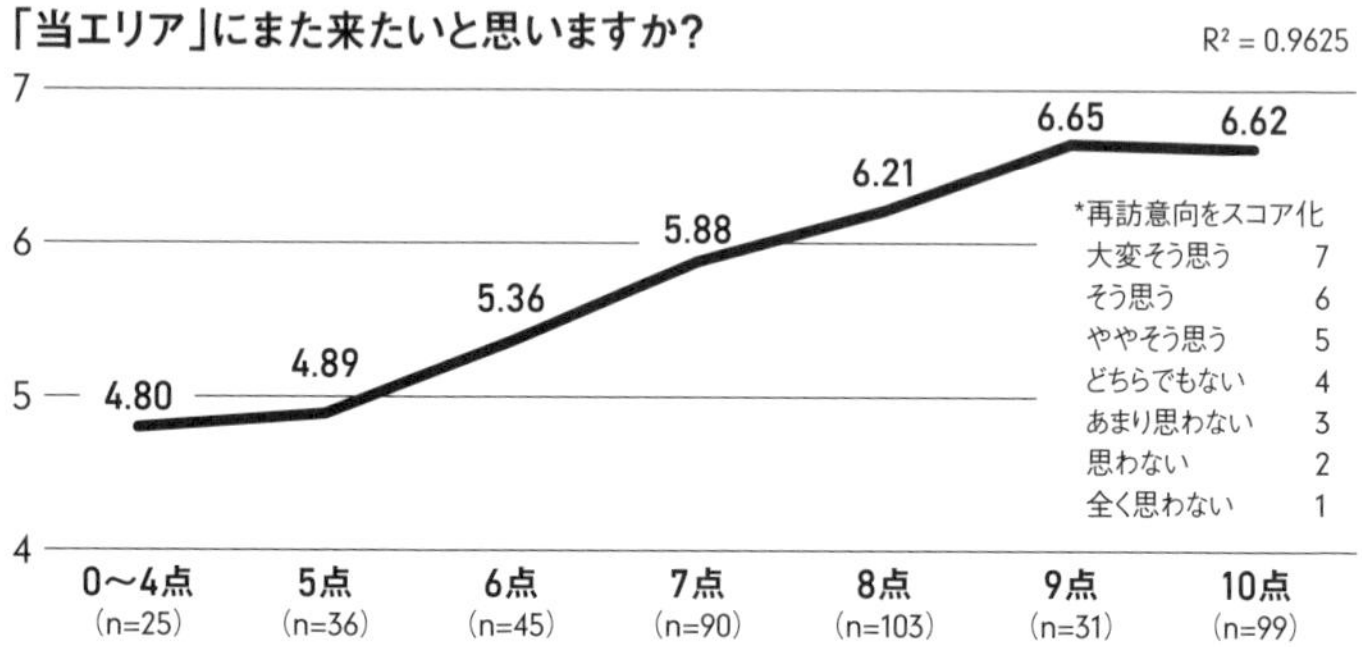

※対象：当質問に回答があった431名
※R^2は、予測精度（直線への当てはまりの良さ）を示す。1に近いほど精度が高い

く、大館市の観光をすすめたいと考えてくれる観光客ほど、自らもまた再訪したいと思う傾向にあるようです。

本調査では、なぜ観光客が大館市の観光を推奨したいと思うか、よりPRとして紹介していくポイントがどこかについても分析をしています。今回の調査では、「旅先についてのイメージ」が顧客にとって重要であり、かつある程度満足もされているものの、より強みを伸ばす余地があるとの結論になりました。より詳細に分析していくと、「旅先についてのイメージ」については、大館市が持つ「自然の豊かさ」をアピールしていくことが、観光客NPS改善に最も効果的であることが判明しました。

自治体の評価にNPSを採用するというアイデアは、私たちが初めて提案するものではありません。実は、アメリカやイギリス、カナダ、ニュージーランド等では、自治体ごとにNPSを調査し、その自治体は観光客からどこを評価されているのかを公表、スコアの推移を分析し、ブランディングに活用しているところもあります。例えば、「観光地として、ニュージーランドを親しい友人や知人にすすめたいか」という質問を実際に訪れた観光者に尋ね、その結果を公表しています。またNPSの点数だけでなく、「壮観な風景や自然の景色」が最もNPSに影響を与えているという分析結果や、どこの国からの観光客がNPSが高いなどの結果も告知しています（出典：Minister of Tourism New Zealand)。その土地の良さを言葉や数字で伝えるのはそう簡単なことではありませんが、NPSはその表現の一端を担えると思っています。

また、NPSは例えば病院や学校など、一般的な企業とは異なる、公共的な組織にも利用できます。

心身に不安があるとき、どこの病院に通えばいいかは明確ではありません。保健医療の適用範囲であれば、どこの医療機関にかかってもかかる費用は基本的に同じです。医療のプロであっても、自分自身がどこの医療機関にかかるべきなのか、即答できる人はほとんどいないでしょう。だからこそ、口コミサイトなどで、どのような医療従事者がいるか、診療・治療方針はどうなっているのかなどを探す人が後を絶ちません。また、調べてみても、十分に満足できる情報が得られるとは限らないのです。

ここに、NPSを導入したらどうなるでしょうか。少なくともそこに一つの基準が生まれます。どの医療機関が自分に向いているのかが分かります。医療に従事する資格のある人にとっては、eNPSが大いに参考なるはずです。

同じことは、教育業界にも言えます。どの高校や大学に進むべきなのかは、まず偏差値で決まりがちです。しかし言うまでもなく、学校の価値は偏差値だけで決まるものではありません。入学後のカリキュラムや教育方針、卒業生ネットワークなど、入学前には見えにくい差異がそれぞれの学校間にあります。

これらもNPSでフォローできます。在校生、卒業生による推奨度、それを決定付ける要因は、その学校の個性です。多様化が進む教育現場でも、積極的にNPS調査を行いその結果を公表することは、より校風に合った新入生の獲得につながります。

2018年12月、私たちは全国の大学卒業生を対象に、家族や親しい友人・知人に母校への入学をすすめるかどうかを尋ねる調査を行いました。大学のランキングというと、入

【図7-C】 NPSにおける大学ランキング

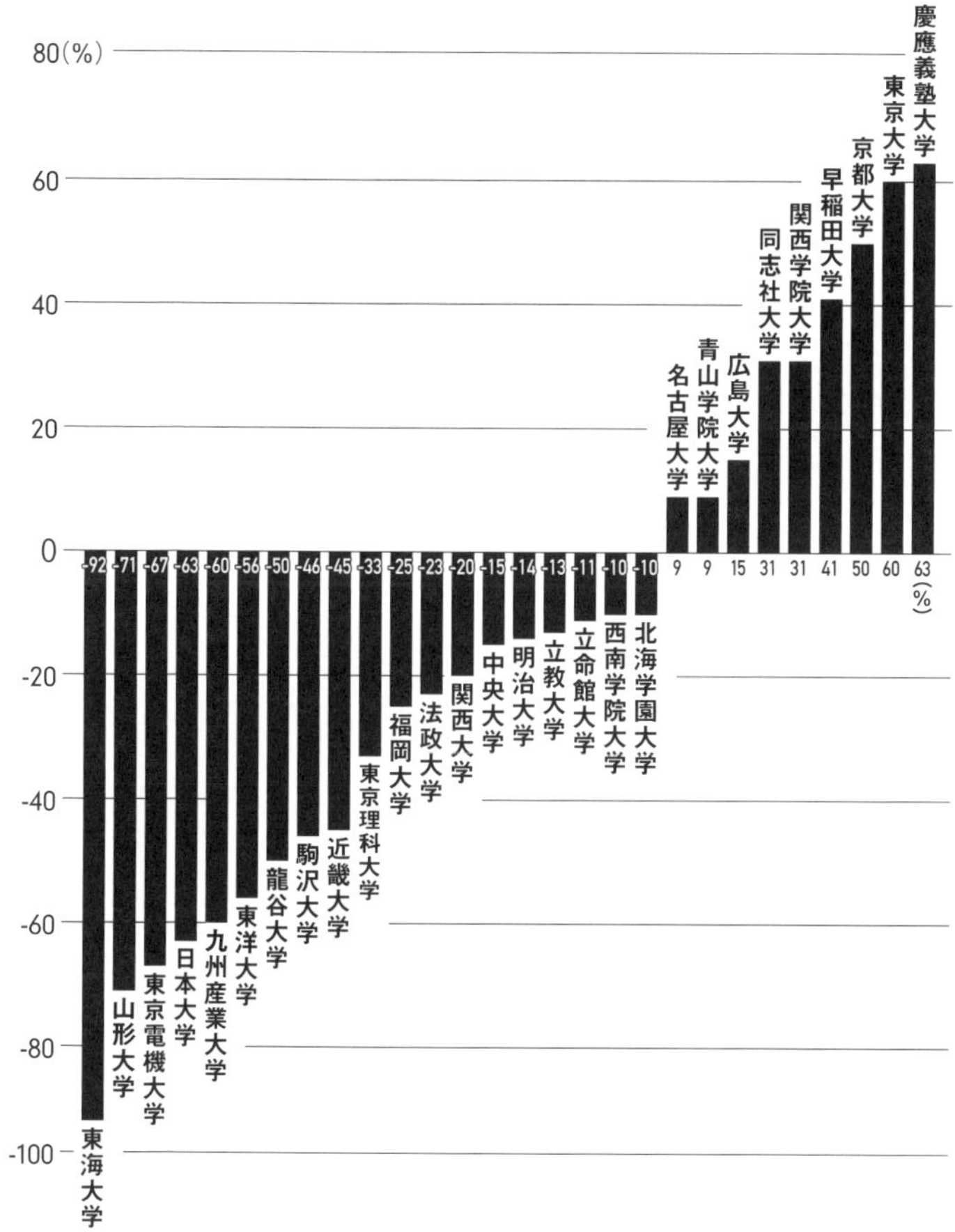

学時の偏差値や就職先などがよく知られていますが、NPSを調査することで、大学に通った卒業生の満足度を知ることができます。

NPSにおける大学ランキングは上位から、慶應義塾大学（63％）、東京大学（60％）、京都大学（50％）、早稲田大学（41％）、5位には関西学院大学と同志社大学（31％）が並びました。これらの大学は、いずれもプラスの数字が出ており、顧客が企業や商品を評価するケースと、卒業生が自分の母校を評価するケースの意識の違いが如実に現れています。

この様にサービスや組織を通して提供する体験価値を向上させていく取り組みは、企業だけのものではありません。あらゆる組織を評価する基準となり得るものです。

人々の「体験」はもっと可視化できる

ECサイトでの買い物など、インターネット上の顧客体験は、比較的簡単にトラッキングができます。どの商品とどの商品を比べていたか、カートに商品を入れてから決済するまでに何を確かめていたかなどは、ページ遷移などを見れば分かるからです。ただ、そのときの顧客の感情までは分かりません。楽しく買い物をしているのか、使いにくいサイトだとイライラしているのかは分からないので、顧客がどのような感情で購入したかを調査をすることになります。

リアル店舗の場合はより、手間がかかります。どの商品とどの商品を比べていたか、買い物かごに商品を入れてからレジに行くまでに何を確かめていたかを知るには、ずっとその顧客をウオッチしていないとならないからです。その時の感情についても、同様です。

しかしIoTが一層、普及すれば、リアル店舗でも、買い物の際にどのような体験をしていたかが可視化できるようになります。店内数カ所に設置したカメラで顧客一人ひとりの行動や表情を追い続け、どの顧客がどのような行動を取り、どのような感情を抱いて、決済に至ったか、あるいは至らなかったかが容易に把握できるようになります。こうした行動の観察結果とNPS調査の結果を付き合わせれば、より、どの体験がNPSを押し上げ、どの体験がNPSを引き下げているかが高精度に分析できるようになります。

またアフターデジタル、OMO（Online merges with Offline）が進むほど、リアルやデジタルにかかわらず企業は様々なデータを得られるようになり、AIが更に多くのデータを学習し、業務の効率化が促進されるというサイクルは今後も止まることはないでしょう。そしてこういったテクノロジーは一部の企業のみが保有するものでなく、多くの企業が活用できる未来になると考えています。

その一方、これまで述べてきたように、便利・効率的といった価値だけで顧客は利用する商品やサービスを決めていません。心の満足を満たしてくれるサービスを利用したいと思うのです。多くの企業が便利なサービスを提供できるようになるほど、感動させてくれる体験こそが企業の競争力を生む源泉になります。顧客の感情を置き去りにしたサービスが世の中に普及することはなくなっていくでしょう。

私たちエモーションテックは、こうした新しい試みにも積極的に取り組んできたいと考えています。顧客の体験と感情をしっかりと結びつけることに成功し、それらを分析してフィードバックし、改善を重ねることで企業をはじめとした組織のＮＰＳが向上した先には、理想的な世の中があると信じているのです。

企業は、顧客のために、そして自社の利益のために何をしたらいいのかが明確になります。迷いなくそれに取り組めば自社が成長するだけでなく、顧客からのロイヤルティも確保できます。それは顧客にとって、その企業が以前よりも良い企業になることを意味します。顧客から評価され、愛される企業で働くことは、従業員のモチベーションを向上させます。企業の業績が良くなれば、それは従業員に還元されます。NPSそしてeNPSが新しい評価基準として根付いた時代には、こうしたポジティブな循環があちこちで当たり前のように見られるはずです。エモーションテックは、そうした世の中の実現のため、あらゆる組織のサポートを今後も続けていく所存です。

おわりに

幼少の頃から人見知りで他人の気持ちを気にしがちなタイプだったこともあり、社会人になってからも、同僚とのコミュニケーションや上司と部下のマネジメントのあり方などに悩むことが多くありました。

最初の就職先は大手電機メーカーで、システムインテグレーターと共同で官公庁向けに大規模なＩＴシステムを導入する仕事でした。仕事そのもののスケール感の大きさや、企業の中での物事の進め方など勉強になることも多く、優秀な上司の元で社会人としての基礎力を叩き込まれ、自己成長や仕事へのやりがいなども感じることができました。一方で、長い歴史がある大企業独特のコミュニケーションやマネジメントのあり方は、前例踏襲的な考え方も強く、価値観などが急速に変化しているなかで、もっと違うやり方が最適なのではないかと疑問を感じることも少なからずありました。

では、もし自分がマネジメントをする立場になったらどういったことができるのだろうか。そう考えるようになり、比較的若くてもマネジメントの仕事にチャレンジできる大手アパレル企業に転職しました。

実際にすぐにマネジメントの仕事を経験することができたのですが、アパレル店舗のマネジメントはプレーヤー的な要素も強く、自分自身の作業に分刻みで追われるようなイメージです。そういったタスクをこなしつつ、並行して職場の雰囲気づくりやスタッフとのコミュニケーションなどのマネジメントも行う必要があります。前職の上司はこんな超人的な仕事をこなしていたのかと頭が下がる思いと同時に、自分の未熟さも身にしみました。それでも自分ならこのお店を最高のお店にできるはずだと信じ、カリスマとよばれる店長の取り組みなどを真似しながら、日々仕事に取り組んでいました。そんな時、決定的に自分の力不足を痛感する出来事が起こりました。

当時、私は店舗で働くアルバイトスタッフの評価も任されていたのですが、私はスタッフのAさんを高く評価し昇給させました。ミーティングでの様子やバックヤードでの会話を通じて、ハキハキと明るいこのスタッフなら、同じようにお客様へも素晴らしい接客をしているだろうと考えたからです。一方で、ミーティングやバックヤードではあまり感情を表に出さない、どちらかというとおとなしいタイプのBさんは昇給させませんでした。

Bさんとの評価面談の時、涙ながらにこう抗議されました。

「今西さんは、私が普段どんなふうにお客様に接しているか見てくれていますか？　全然見てくれてないじゃないですか。Aさんが昇給して私ができないのは納得いかないです！」

この言葉に私は何も反論できませんでした。実際Bさんがどのようにお客様に接客しているか詳細に把握しないまま、自分の見ている範囲の出来事だけで評価を下してしまっていたからです。

Bさんも勇気を振り絞って言ってくれたのだと思います。そのような発言をさせてしまったことを心から情けないと思いました。前職で大企業の組織のあり方やマネジメントに疑問を持ち、自分ならもっと良いやり方ができるはずだと思っていた私のマネジメント能力は、実際はこの程度なのだと突き付けられた思いでした。

後に、Bさんと一緒にシフトに入ることが多い他のスタッフ数名に彼女の働きぶりについて教えてもらったところ、チェーンストアでありながらBさん目当ての固定客がたくさんいるくらい素晴らしい接客をするスタッフだと分かりました。お客様から尋ねられたことには的確に答え、購入を迷っている様子が見受けられたら他の商品も紹介し、コーディネートの提案もする。そうした接客の合間に、商品の整理や掃除などの仕事もテキパキこなす。そのような素晴らしい仕事ぶりを私は全く評価できていませんでした。

この経験は自分自身のマネージャーとしての未熟さを痛感した苦い経験であると同時に、同じような悩みを抱え、同じような過ちを犯してしまっている新人マネジャーも、世の中にはたくさんいるのではないかと考える貴重な機会にもなりました。そのような経験を経て、決してカリスマではないマネジャー、つまり世の中の多くのマネジャーが簡単に使える仕組みをつくり、あらゆる企業において、属人的な資質に頼らずに質の高いマネジメントができる状態をつくれるのではないかと考え、アパレル会社を退職し、起業の準備に入りました。

最初のアイデアは、「サンクスカード」のアプリでした。今のSNSとよく似た仕組みで、マネジャーを含めスタッフが、感謝の気持ちを互いに贈り合うことで、みんなが信頼し合って生き生きと働ける環境を構築するという狙いでつくりました。このアイデアは、運良くNTTドコモの起業支援プログラムである「ドコモ・イノベーションビレッジ」(第2期)にも採用していただくことができました。

しかし、実際にこのサービスを企業に導入すると課題も明らかになってきました。サービスを導入した企業は、どの程度の費用対効果が得られるのかをまず気にします。つまり職場の雰囲気が良くなったことが、どれだけ収益に還元されるかを把握したいということです。自分が経営者で、サービスの売り込みをされる立場であれば、当然気になる点です。職場の雰囲気が良くなれば収益も向上するという、なんとなく直感的には理解できることを、論理的に説明できる根拠を当時の私は持ち合わせていませんでした。

NPSと出合ったのは、そうしたことに頭を悩ませていた時期でした。満足度ではなく推奨度を尋ねるという新しい視点、アメリカで既にスタンダードになりつつある点にも魅力を感じましたが、最も強く引きつけられたのは、「NPSのスコアには収益との相関がある」という事実でした。これがあれば「費用対効果は?」という問いにはっきりと答えることができる。収益を上げることが目的の企業にとって、NPSは最適な先行指標(KPI)になり得るのではないかと感じました。

私たちは2014年からこのNPSの考え方に独自の分析技術を掛け合わせ、企業の収益向上をサポートするサービスの提供を行ってきました。おかげさまで導入いただく企業の数も増えてきており、日々責任の重さを実感しています。

この数年、私たち自身もサービスを磨き、改善を繰り返してきましたが、それ以上に、社会環境の大きな変化やうねりのようなものを強く感じています。

多くの企業は、新規顧客よりも既存顧客の方を向き始めました。今までのように、販促や広告などに莫大なコストをかけて一度きりになるかもしれない新しい顧客を獲得することよりも、既存顧客を熱狂的なファンにし、長期的な関係性を築いていくほうが経済的にも合理的であるということがわかってきたからです。

従業員に対しても同様です。特にサービス業などでは、少子高齢化により労働力人口が減少していくなかで、コストをかけて大量採用すればよいという考え方から、入社した従業員のエンゲージメントの向上に投資し、濃く長い関係性を築いていく方がリーズナブルであるという考えに変化してきています。では、どのように顧客や従業員との良い関係を構築するのか。以前はその方法がブラックボックス化していて分からない、感覚的には分かってはいるが費用対効果が判断できないなどの理由で企業として力を入れて取り組むことができないという声を多く聞きました。しかし、今ではＩＴをはじめとしたテクノロジーの進化により課題を解決する土壌は十分に整ってきています。

我々はこうしたテクノロジーを活用して、買い物をする顧客やそこで働く従業員の感情をデータで捉え、従業員・顧客・企業の〝三方よし〟の社会をつくりたいと考えています。

従業員が誇りを持ち、モチベーション高く仕事をすれば、商品やサービスのクオリティが上がり、顧客のロイヤルティを向上させます。顧客のロイヤルティが上がるということは、その企業の商品やサービスを選ぶ機会が増え、長期的なファンの育成にもつながるということです。それらのファンによってもたらされた収益を従業員のエンゲージメント向上に再投資すれば、従業員はさらに生産性高く、自律的に仕事をするようになるはずです。

私たちの提供するCX向上クラウド「EmotionTech」、EX向上のための「Employee Tech」は、そうした循環の動力となる存在だと自負しています。おかげさまで「Employee Tech」は、日本の人事部「HRアワード」2018のプロフェッショナル組織開発・改革部門における最優秀賞部門賞と、経済産業省などが後援する第3回HRテクノロジー大賞（2018年）の労務・福利厚生部門優秀賞を受賞しました。今後も私たちは、三方よしの社会の実現のため、持続的な成長を志向する組織の支援を続けて参ります。

最後に、事例の御紹介に快く協力して下さった株式会社NTTドコモ、トヨタ自動車株式会社、株式会社バイク王&カンパニー、株式会社物語コーポレーション、株式会社リクルートキャリアの皆様に深く感謝申し上げます。次の事例としていつかどこかで、この本を手にとって下さったみなさまの企業の取り組みを御紹介できれば、望外の喜びです。

2019年夏

株式会社Emotion Tech　代表取締役　今西良光

参考文献

第1章

- John H. Fleming,Curt Coffman and James Harter, “Manage Your Human Sigma,” Harvard Business Review, JULY-AUGUST 2005
- William J. Mcewen, John H. Fleming, “Customer Satisfaction Doesn't Count,” GALLUP BUSINESS JOURNAL, MARCH 2003
- John H. Fleming,Jim Asplund, “Customer Satisfaction: A Flawed Measure,” GALLUP　BUSINESS JOURNAL SEPTEMBER 2007
- 『JCSI 日本版顧客満足度指数第3回調査』サービス産業生産性協議会 、2018年9月
- バーンド・H・シュミット著、嶋村和恵訳、『経験価値マネジメント』ダイヤモンド社、2004年3月
- James Allen, Frederick F. Reichheld, and Barney Hamilton,“The Three "Ds" of Customer Experience,”, Harvard Business School, JULY 2005
- Jacques Bughin, Jonathan Doogan, and Ole Jorgen Vetvik, “A new way to measure word-of-mouth marketing,” McKinsey Quarterly, APRIL 2010
- Bojan Lipovic,“Exploring Customer Acquisition Cost vs Retention Costs,”struto, APRIL 2019
- Chris Pemberton, “Key Findings From the Gartner Customer Experience Survey,” Gartner, MARCH 2016
- “CEM Market Size Worth $32.49 Billion By 2025 ¦ CAGR: 22.9%,“Grand View Research, MARCH 2018
- ジョゼフ・ミケーリ 著 月沢李歌子 訳『メルセデス・ベンツ「最高の顧客体験」の届け方』日本実業出版社、2017年1月
- “ASIA PACIFIC CUSTOMER EXPERIENCE MANAGEMENT MARKET SIZE TO REGISTER A GROWTH OF 24.2% CAGR,”KBV Research, JUNE 2018
- Fred Reichheld, “The top 10 reasons you don't understand your customers,” BAIN & COMPANY, MAY 2006

第2章

- Frederick F. Reichheld,“The One Number You Need to Grow,”Harvard Business Review, DECEMBER 2003
- Anne-Wil Harzing,“Response style in cross-national survey research : a 26-country,” International Journal of Cross Cultural Management, AUGUST 2006
- フレッド・ライクヘルド著　鈴木泰雄訳、堀新太郎監訳『顧客ロイヤルティを知る「究極の質問」』、ランダムハウス講談社 、2006年9月

第6章

- James L. Heskett, Thomas O. Jones, Gary W. Loveman, W. Earl Sasser, Jr. and Leonard A. Schlesinger, “Putting the Service-Profit Chain to Work,” Harvard Business Review JULY-AUGUST 2008
- 鈴木研一 松岡孝介、『従業員満足度, 顧客満足度, 財務業績の関係・ホスピタリティ産業における検証』日本管理会計学会誌管理会計学会、2014年3月
- Kahn, William A.,“Psychological Conditions of Personal Engagement and Disengagement at Work,” Academy of Management Journal, DECEMBER 2019
- Brad Shuck Jill L. Adelson Thomas G. Reio Jr.,“The Employee Engagement Scale: Initial Evidence for Construct Validity and Implications for Theory and Practice,”Human Resource Management, AUGUST 2016

第7章

- Erin Meyer,“The Culture Map,” Public Affairs, MAY 2014
- 京都市観光協会 『公益社団法人京都市観光協会経営戦略（2018～2020年度）』公益社団法人京都市観光協会、2018年9月
- “Visitor Experience Infographic - April 2018,” Minister of Tourism New Zealand, AUGUST 2018

今西良光《いまにし よしみつ》

株式会社Emotion Tech代表取締役CEO。新卒で日立製作所に入社しITシステムの営業に従事した後、ユニクロに入社。店舗のマネジメント業務の経験の中でサービスの現場におけるマネジメントの課題を痛感。課題解決の為、早稲田大学大学院に入学。在学中にCXに関する事例や論文を研究し2013年に株式会社wizpra（現Emotion Tech）を創業。トヨタ自動車、NTTドコモなど大手企業をはじめ400社を超える企業のCX・EXの改善を支援。CX・EXの分析に関する独自の手法を開発し特許を取得。第10回CVG『経済産業大臣賞』、HRアワード2018『プロフェッショナル組織変革・開発部門 最優秀賞』、HRテクノロジー大賞2018『労務・福利厚生部門 優秀賞』等を受賞。

須藤勇人《すどう　はやと》

株式会社Emotion Techマーケティング部 部長 兼 HR事業責任者。大阪大学法学部卒業後、ソフトバンクグループ人事部門にて人事業務に従事。その後、IoTメディア領域にて起業、資金調達の実施などを経て現職。株式会社Emotion Techにおいては、マーケティング部門及びHR領域である「EmployeeTech」事業の責任者として、企業の顧客体験や従業員体験向上を推進。

CXM
実践的カスタマー・エクスペリエンス・マネジメント

発行日　2019年10月28日　第1版第1刷発行
　　　　2024年11月20日　第1版第2刷発行

著者　今西良光
　　　須藤勇人
執筆協力　片瀬京子

発行者　佐藤央明
編集　佐々木淳之（日経トレンディ）
発行　株式会社日経BP
発売　株式会社日経BPマーケティング
　　　〒105-8308
　　　東京都港区虎ノ門4-3-12
装丁・レイアウト　中川英祐（Tripleline）
作図　中澤愛子（Tripleline）
印刷・製本　TOPPANクロレ株式会社

社名や肩書は執筆当時のもの。

本書籍に関するお問い合わせ、ご連絡は右記にて承ります。https://nkbp.jp/booksQA

ISBN 978-4-296-10095-8